青春力量丛书编委会

青春力量丛书

微志愿大社区

记服务社区的青年志愿者

丛书主编 杨 成 涂敏霞

主　　编 吴冬华

副 主 编 邵振刚 谢栋兴

广东高等教育出版社

Guangdong Higher Education Press

·广州·

图书在版编目（CIP）数据

微志愿大社区：记服务社区的青年志愿者/吴冬华主编 . —广州：广东高等教育出版社，2024.5

（青春力量丛书/杨成，涂敏霞主编）

ISBN 978 - 7 - 5361 - 7651 - 5

Ⅰ.①微…　Ⅱ.①吴…　Ⅲ.①青年志愿者行动 - 概况 - 中国 Ⅳ.①D432.6

中国国家版本馆 CIP 数据核字（2024）第 030713 号

微志愿大社区——记服务社区的青年志愿者
WEI ZHIYUAN DA SHEQU——JI FUWU SHEQU DE QINGNIAN ZHIYUANZHE

出版发行	广东高等教育出版社
	地址：广州市天河区林和西横路
	邮政编码：510500　电话：（020）87553335
	http://www.gdgjs.com.cn
印　　刷	广东信源文化科技有限公司
开　　本	787 毫米 ×1 092 毫米　1/16
印　　张	13.5
字　　数	204 千
版　　次	2024 年 5 月第 1 版
印　　次	2024 年 5 月第 1 次印刷
定　　价	35.00 元

总　序

　　青年是整个社会力量中最积极、最有生气的力量，国家的希望在青年，民族的未来在青年。建功新时代，青春力量从不缺席。广大青年把志愿服务作为成长发展的重要课堂，在服务青少年、服务社区的生动实践中打磨，在乡村振兴的艰苦环境中淬炼，在应急救援的急难险重任务中挺起青春脊梁。习近平总书记曾多次给青年志愿者写信，勉励他们"积极参加志愿服务，主动承担社会责任"，在志愿服务"青春盛会中展现自己的风采"，"让青春之花绽放在祖国最需要的地方，在实现中国梦的伟大实践中书写别样精彩的人生"。

　　广东是开创志愿服务领域多项全国第一的志愿服务大省，首开全国第一条志愿服务热线"中学生心声热线"、首提系统建设"志愿者之城"……作为全国开展志愿服务重要阵地的广东，青年志愿服务起步早、发展快、质量高，无论在繁华城市，还是在美丽乡村，广东青年志愿者的身影无处不在，他们用青春热血践行"奉献、友爱、互助、进步"的志愿精神。

　　青年处处皆奋斗，青春处处皆榜样。青年志愿者是城市跳动的脉搏，是乡村亮丽的风景。有一种青春叫作闪亮，他们是服务青少年的青年志愿者；有一种青春叫作奋斗，他们是开展乡村振兴的青年志愿者；有一种青春叫作暖心，他们是服务社区的青年志愿者；有一种青春叫作守护，他们是开展应急救援服务的青年志愿者。众多的青年志愿者，他们想人民之所想、解人民之所急、行人民之所嘱，为社会发展凝聚起崇德向善的强大力量。

　　让榜样力量触达青春心灵，是我们用心用情编写"青春力量"丛书，讲好青年志愿者故事的努力和探索。丛书共有4册，分为《闪光的青春——记服务青少年的青年志愿者》《为了美丽乡村——记乡村振兴青年志愿者》《微志愿大社区——记服务社区的青年志愿者》《守护的青春——记应急救援青年志愿者》。丛书共收录56位在服务青少年、乡村振兴、服务社区和应急救援等青年志愿服务领域极具代表性的广东青年志愿者的故事，有扎根祖国边疆助力乡村振兴的"柯兰"（在柯尔克孜语中是"勇敢"的意思，常用来形容"大漠英雄"）姑娘、有坚守雪域高原行医的"仁心医者"，有20多年如一日专注社区志愿服务的"怒放红棉"，有救援足迹遍布全国的"菠萝队长"……他们衣食无忧而不忘奉献、岁月静好而不丢奋斗，让青春在志愿服务中出彩闪光，彰显新时代的青春力量。

本书由全国首家政府主导建立的专门从事志愿者培训和理论研究的公益机构——广州志愿者学院联合广东高等教育出版社组建编写团队，在共青团广州市委员会的指导下，在广东省志愿者联合会、广东省志愿者行动指导中心（广东省希望工程服务中心）、广州市文明办、广州市志愿者行动指导中心、广州市志愿服务发展中心等单位支持下，用了一年多的时间开展故事采写。我们希望能以青年的视角、温暖的文字，多角度、真实地呈现他们在各领域从事志愿服务生动、鲜活、感人的青春故事，彰显新时代志愿服务的青春风采，镌刻新时代志愿服务的志愿精神。

青年，不只是人生一个阶段，更是一种精神面貌，蕴藏着无限的发展可能；青春力量，不只是时光的符号，更是每位年轻人蕴含的各式各样的蓬勃力量；志愿服务，不只是一种生活方式，更是一种人生态度，蕴涵着崇高的志愿精神！与青年志愿者同行，让志愿服务成为一种生活方式，共同为全面建设社会主义现代化国家、全面推进中华民族伟大复兴凝聚强大力量！

2023 年 10 月

前　言

　　志愿服务被誉为"温暖人间的最美风景"，是现代社会文明进步的重要标志，是全社会加强精神文明建设、培育和践行社会主义核心价值观的重要内容。新时代新征程上，不同年龄、不同群体的广大志愿者在不求物质报酬的情况下，积极主动热情为社会和他人提供服务。哪里存在"急难愁盼"的现实需求，哪里就活跃着志愿者的身影，志愿者日益成为社会正能量的倡导者、社会关爱的传递者、向上向善的践行者。

　　党的十八大以来，党和国家高度重视志愿服务事业的发展。习近平总书记对弘扬志愿精神、发展志愿服务事业作出一系列重要指示，充分肯定志愿服务的重要作用，勉励志愿者作出更大贡献。党的二十大报告提出要"完善志愿服务制度和工作体系"。2023 年 5 月，习近平总书记在给上海市虹口区嘉兴路街道垃圾分类志愿者们回信时，勉励他们"继续发挥志愿者在基层治理中的独特作用，用心用情做好宣传引导工作，带动更多居民养成分类投放的好习惯，推动垃圾分类成为低碳生活新时尚，为推进生态文明建设，提高全社会文明程度积极贡献力量"。习近平总书记的高度肯定、亲切关怀、殷殷嘱托，为志愿服务事业高质量发展提供了强大动力、指引了明确方向。

　　当前，志愿服务日益成为社会大众参与基层治理的有效途径。习近平总书记在全国抗击新冠肺炎疫情表彰大会上为志愿者点赞，

"千千万万志愿者和普通人默默奉献""'天使白''橄榄绿''守护蓝''志愿红'迅速集结",志愿者立足于所居住的社区,着眼于就近就便,城市农村大街小巷处处可见志愿者忙碌的身影。志愿星光,点亮万家灯火,青春力量,撑起社区一片天。在南粤大地上有许许多多勤恳奉献在一线的年轻人,他们每个人都有自己的本职工作,或是一线生产工人,或是企业管理者,或是基层工作人员,但在一次次辛勤付出、无私奉献的志愿活动中,他们都只有同一个身份——社区青年志愿者。他们认真学习宣传贯彻习近平新时代中国特色社会主义思想,牢记习近平总书记殷切嘱托,积极弘扬和践行社会主义核心价值观,"走进社区、走进乡村、走进基层,为他人送温暖、为社会作贡献"①。为社区群众送温暖,为社区治理作贡献,不断彰显理想信念、爱心善念、担当理念,是人民有信仰、国家有力量、民族有希望的生动体现。他们以绣花针的功夫,将人民群众日益增长的美好生活需要与社区平安幸福串联起来,为共创美好生活汇聚磅礴力量,让社区充满人情味、幸福感,

《微志愿大社区——记服务社区的青年志愿者》是"青春力量丛书"之一,本书以故事形式采风于广东省内不同城乡社区的青年志愿者,通过在广东社区志愿服务领域堪为标杆榜样的14位优秀青年志愿者典型事迹,全方位、多角度深入了解社区志愿服务日常,感受他们如何聚沙成塔、微光成炬,如何用平凡的双手支撑起不平凡的文明力量,用星星之火点燃南粤大地志愿热情。他们当中,有连续20多年只专注于做一件事——帮扶社区特殊群体的党员志愿者;有深耕社区16年,向全国输出志愿服务工作模式

---

① 张翼,陆士桢,赵定东,等. 中国志愿服务事业发展笔谈:下 [J]. 中国志愿服务研究,2020（1）:1-26.

的志愿者；有把志愿服务从兴趣发展成为事业的志愿服务工作者；有 18 年如一日聚焦城中村儿童服务的社区负责人；有日复一日为长者送爱心餐的社区志愿者母女；有以志愿驿站为家连续服务群众 13 载的志愿者骨干；有一切以残友的需求为中心圆梦湾区的深圳"雨燕"；有致力于社区助残和文明交通志愿服务长达 20 年的深铁义工联秘书长；有点亮志愿 V 站里万家灯火的人大代表；有坚定为社区居民打通服务"最后一米"的中国青年志愿者优秀个人；有以专业托起困境人士希望的广东省优秀共青团员；有为大病儿童筹款救助和社区旧衣物回收的义工协会会长；有连续 18 年开展公益助学扶贫济困的道德模范；有深入社区开展 150 次公益授课的志愿大"莞"家。这 14 位青年志愿者用责任和担当诠释不忘初心、牢记使命，用青春和奉献谱写新时代的雷锋精神，用行动与实践彰显为人民服务的价值追求，在促进社会文明进步与精神文明实践建设、培育和践行社会主义核心价值观、构建共建共治共享社会治理格局发挥了显著作用，彰显了新时代志愿服务价值！

　　新时代展现新担当，新征程召唤新作为。让我们立足新时代，展现新作为，进一步弘扬"奉献、友爱、互助、进步"志愿精神，用"积小善为大善"的实际行动，共同打造美好社区和幸福家园！

编　者

2023 年 10 月

目　　录

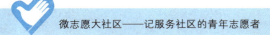

红棉怒放，情满社区

——广州机关党员志愿者红棉暖心服务队队长陈晓霞①的故事

"用心点燃希望，用爱改变人生。"拥有 20 年志愿服务经历、注重帮扶特殊群体的陈晓霞在总结志愿诀窍时，只用了两个简单的关键词："用心"和"用爱"。志愿服务不应该是上天入地，无所不能，而应该是一枝一叶，事事关心，用真心换真情，用实干暖人心。

如果说，2003 年，年轻的陈晓霞第一次进行志愿服务时在心里种下了一颗红棉树种子；那么，2022 年，便是这颗红棉树枝繁叶茂、盛开之时。从最初单枪匹马的 1 个人，到现在兵强马壮的 5 支队伍；从服务 1 个社区，到服务足迹遍满 130 个社区（村居）；从帮扶孤寡独居老人到关爱各类特殊困难群体；从服务 1 人到惠及约 15 万人次……20 多年的社区志愿服务，让陈晓霞养成了周末参与志愿服务的习惯，让她从服务对象眼中最初的"陌生人"变为"自家人"，让她由一名纯粹的青年志愿参与者转变为 5 支志愿队伍②、20 个项目的创建者和实施者。时光流转，变的是她的身份和肩上的责任；岁月变迁，不变的是她对志愿服务的满腔赤诚。

---

① 陈晓霞，广州机关党员志愿者红棉暖心服务队等志愿服务队队长，截至 2023 年，志愿服务时数约 14000 小时，扎根社区志愿服务 20 年，惠及 170 个社区 50 万人次，曾获"中国好人""全国最美志愿者"等荣誉称号。

② 广州机关党员志愿者红棉暖心服务队、广州市新时代红棉惠民志愿服务队、广州市新时代文明实践社区关爱志愿服务队、广州市新时代文明实践志愿宣讲团、中大社区应急处置服务队。

力所能及，温暖他人

从 2003 年开始，陈晓霞主要参与探访孤寡独居老人的志愿服务。"作为一名党员，除了在工作上爱岗敬业、争先创优外，还是希望自己对社会有所贡献。当时就想着去做力所能及的事，去帮助有需要的人，没想过会带来什么大的变化。"陈晓霞的初心，就像万千热忱于志愿服务的志愿者们一样，朴素却内蕴无穷。直到 2014 年 3 月 8 日那天，一位失独老人的故事彻底震撼了她的内心，让她的志愿生涯发生了关键转折。"那天我本想送个惊喜给社区的长者们，就自费举办'心声茶话会'，邀请社区的妇女长者喝茶。"正像平日里那样和老人家喝茶、举行"三八"茶话会的陈晓霞，却与一位特别的失独长者——英姨不期而遇。茶话会上，英姨一和陈晓霞见面，就哭诉不止：儿子不久前因病去世，祸不单行，她自己又乳腺癌复发，癌细胞已经转移到骨头了；同时，她的丈夫又被确诊为肺癌，刚进行完手术。两位老人在医院治疗期间，竟连找个人送餐这样一个小小的愿望都成为一种奢望。接二连三的厄运打击，英姨崩溃了，她对陈晓霞说："想死的心都有了。"

陈晓霞（左一）自费举办"心声茶话会"，邀请社区长者喝茶，偶遇失独长者英姨

英姨那无助、痛苦和绝望的眼神，任谁看到了都只会有一种想法——帮，一定要帮！陈晓霞从未想过上天会如此不公平，两位老人不仅要承受疾病带来的痛苦，还要承受老年丧子的绝望，这样的经历深深地刺痛了她。那一刻，陈晓霞决心要帮她。于是，她便经常和志愿者一起上门，提供经常性的陪伴，开展"周末一家亲"、家庭音乐会等活动，带着英姨慢慢地走出了绝望阴霾。为了拓展英姨的交友圈，陈晓霞和志愿者们联结不同片区的失独长者，定期举办跨区联谊联欢、厨艺大比拼等活动；为了帮助她增强自信，陈晓霞和志愿者们细心观察并挖掘她的手工专长，联动广州少年儿童图书馆专门开设了长者手工课堂，让她当老师主讲丝网玫瑰花、剪纸木棉花等手工制品的制作技巧；为了展示她的才艺，陈晓霞和志愿者们举办大型文艺汇演，让她去参演"时装秀""太极秀"等节目。在陈晓霞的帮助下，英姨一改往日颓靡的形象，变得越来越自信，变成笑容多、交友多、参与公益多的"三多"长者了。除此之外，英姨已然和陈晓霞成为"一家人"，亲切地称呼陈晓霞为"霞女"，并主动介绍其他失独家庭纳入帮扶。这让陈晓霞坚定了做志愿的决心和信心，让她最终走上了持续至今的志愿之路。志愿服务，就是这样一场相互鼓励、相互坚定、相互温暖的"双向奔赴"。

英姨（右一）参加红棉暖心家园联欢年会"时装秀""太极秀"表演

英姨在暖心惠民坊"我为群众办实事"之向英雄致敬——
木棉花创意手工亲子课堂当主讲

　　正因为这次偶遇，陈晓霞开始关注失独群体，了解到这个群体因为遭受了现实和精神层面的双重打击，普遍心理较封闭、家庭矛盾较多、身心健康状况堪忧。因琐事发生矛盾是失独家庭的常态，有的时候夫妻双方因一件小事起争执，心情不好就借题发挥、小题大做，各不退让；更有甚者，会因一件小事就上升到不可调和的家庭矛盾。幸好陈晓霞及时发现并尽早介入，挽救了一个个家庭。某个周末，某家的夫妻又因小事争吵，关系僵化，竟闹到要即刻办理离婚手续的地步。陈晓霞知情后，克服自身困难，利用下班及周末时间，多次上门进行调解，耐心加细心地做夫妻两人的思想工作。喝茶聊天，或是外出散心，还有进行周末聚餐，陈晓霞投入了巨大的时间精力，有时还要调解到晚上 11 点多。最终，经过她不懈的努力，终于挽回了一户失独家庭的婚姻。后来，她继续接触自闭、单亲、孤儿、残障等有特殊困难的群体，发现其中 70% 的人心理都处于亚健康状态（如敏感、自卑、抑郁、封闭等），50% 甚至曾有过轻生的念头，这些惊人的数据，都说明他们迫切地需要社会的关爱。"因为在帮扶的过程中，我们发现这些群体都是有共性特征的，是急需我们的帮助的，于是我就萌生出要创立特殊群体关怀项目的想法。"2014年3月，陈晓霞自费牵头创立并组织实施以为特殊群体提供生活物资、改善生活环境为目标的"红棉关爱—暖心行动"项目，致力于服务社区失独、自闭、残障、单亲等特殊困难群体，并首创了"特群之家"模式帮助特殊群体"抱团取暖"。截至2022年9月，通过"志愿队基金＋总队资助＋赛事扶持＋N"多元筹资方式，陈晓霞已累计投入约22万元，筹集资金超86.6万元。

"资金需求是必须面对和解决的问题，每年都需要投入。除了我个人出资外，我的队员在我的影响下，也出资捐物，保证了项目的常态化运作。"由于服务对象很多都是低保困难家庭，为了解决他们的困难，陈晓霞需要省吃俭用，以便更多、更好地帮助他们，最后把省吃俭用变成了日常习惯。"那个时候的想法就是，尽量克服自己的困难，每月从工资收入中提取一部分资金，帮助他们解决生活所需。想到自己只要省吃俭用些，就可以挤出资金来帮助她们解决一些困难，于是就慢慢形成了习惯。"陈晓霞能如此全力以赴地服务特殊群体，离不开身边人的大力支持。"身边的人十分支持我，特别是来自家里的支持。我的家人，从一开始就非常支持我做志愿服务。下班后，我有时要急着赶往社区做志愿，家人就帮我把物资送到公交车站，做好爱心传递。"陈晓霞说，"这其实跟我们的家风有关系，特别是我父亲，他是一位老师，从小就教育我们要'与人为善，从善行善'，他自己更是言传身教，经常去做好事。我的母亲，同样也很热心助人。就是在这样的家庭环境下成长，我感到非常幸福的同时，也得到了熏陶成长。"

红棉花开，情满社区

自2014年开展"红棉关爱—暖心行动"项目后，陈晓霞的身份就不再是纯粹参与志愿服务的志愿者了，作为红棉暖心志愿队的领导者和运营者，"统筹谋划、组织实施、深化服务、队伍建设……这个时候开始变得忙起来了，要想兼顾工作、生活和志愿服务，就需要非常自律和科学管理时间"。志愿服务和工作的时间调配问题，对陈晓霞而言，是一个挑战。"但我会提前安排好每一天的空余时间，把要进行的志愿服务提前安排好。如什么时段进社区开展入户探访，什么时段进老人院举办文艺汇演，什么时段进图书馆开设手工培训、应急救护和校园安全等公益课堂。这些项目的时间安排其实都是挤出来的，当有了更多事情需要做的时候，就会有所取舍，倒逼个人综合素质和工作效率的提高。要确保工作和志愿两不误，就要有意识地要求和锻炼自己在本职工作上提高效率和质量，我很欣慰，自己这20多年来都做到了。"

从最初重点关注失独老人群体，到现在定向服务社区自闭、失独、残障、单亲、高龄孤寡等特殊困难群体，再到非定向服务广州少年儿童图书馆的读者、市民群众，红棉暖心队已经开展了活动2180余次，带动1.36万人次参与。在上千次的帮扶中，有一位自闭症儿童的转变，让陈晓霞记忆犹新。她叫雯雯，是一名在单亲家庭长大，有智力问题并患有自闭症的孩子。2016年，陈晓霞第一次与她接触。"那时，她完全不搭理我……"患有自闭症的孩童，通常被称为"星星的孩子"，那是因为在沟通交流方面，这些孩子似乎有着一套不被常人所理解的来自遥远星球的思维模式，孤独地沉浸在自己的世界里。雯雯不爱说话，不爱见陌生人，不爱回答问题，陈晓霞真切地感受到了"星星的孩子是活在自己的世界里的"，也深刻体会到了这个特殊家庭的痛苦、无奈和无助。尽管第一次探访"失败"了，但陈晓霞坚信一句俗语"上天对你关上一扇门的同时，必然会打开一扇窗"，只要不抛弃、不放弃，倾心付出、真情陪伴，就一定有希望的曙光和改变的契机。于是，陈晓霞开始了对她的定点帮扶，每次探访都细心观察，不断尝试找到雯雯的兴趣点，以扩大交流，走进她的内心。经过多次努力后，在一次探访中，陈晓霞终于发现了雯雯的兴趣点——音乐，随后她送了一套乐器给雯雯。"当时，她没有说话，只看了我几眼，但我感觉到这是一个信号，接纳的信号。"那一刻，两颗心的距离挨得更近了。在得知雯雯的生日临近后，陈晓霞便决定给她一个惊喜，帮她筹办一场生日会。谁知，刚端上生日蛋糕，雯雯竟然感动得落泪了——原来，这是她人生第一次过生日。两颗心再也没有距离了，雯雯从这一天开始真正接纳了陈晓霞。在征得她母亲同意后，陈晓霞带着雯雯"四处闯"，进社区、进图书馆、进学校、进老人院；"四处玩"，参加探访慰问、文艺汇演、疫情防控、文明宣传等活动；"四处学"，参演各类公益小品节目表演。为了让雯雯有更多机会与普通人接触交流，不断提高她的感知、沟通和表达能力，陈晓霞精心策划各类联谊联欢，并利用周末休息时间单独教她，每个动作、每句台词重复示范，一一纠正。通过上百次的"锤炼"，雯雯越来越自信，也掌握了一门才艺。后来，陈晓霞又发现她对手工制作感兴趣，就一边教她做丝网花、剪纸等手工制品，一边联动广州少年儿童图书馆，为她开设"星光手工坊"，并由她担任主讲小教师，截至2022年已经连续三年开课了。

雯雯在"星光手工坊之粘土创意音乐盒"活动当主讲

6年后的今天，雯雯变得很自信了，不再害怕陌生人，也没有了沟通障碍，自理能力有了较大的提升。买菜做饭，再也不用母亲发愁了。不仅如此，她还成为手工达人，在广州少年儿童图书馆和社区里开办折纸、衍纸、粘土等手工技艺的公益课堂，作品还曾在越秀公园展览展出；她更是现在各大联谊联欢文艺汇演里必不可少的主力。看见雯雯的转变，她母亲感动地对晓霞队长说："真心感谢霞姐，你不仅改变了雯雯的人生，也改变了我的人生，你挽救了我们整个家庭！"现在，她们两母女与陈晓霞已然成为"一家人"，她们都亲切称呼陈晓霞为"霞姐"。不仅如此，她们两母女更是加入了红棉暖心志愿队，并成为队伍里的骨干，两母女的志愿服务时间均超 1000 小时。她们还与陈晓霞一起参加全国比赛，用行动支持给她们带来温暖的"红棉关爱—暖心行动"项目，用行动回馈这个给她们带来温暖的社区。自新冠肺炎疫情暴发以来，陈晓霞组织队员驰援社区，参与全员核酸检测、疫苗接种、山区物资运送、防疫物资整理、流调排查等防疫相关工作，服务居民群众 4 万余人次。而雯雯和她母亲也积极报名参加，并提供志愿支持。

陈晓霞（左一）与雯雯（左二）参加全国第二届党建项目成果展示交流活动，
共同演绎手语《感恩的心》

　　除了雯雯，还有一位特殊的女孩子也让陈晓霞印象深刻。她也成为今天红棉暖心志愿队里的骨干成员，和雯雯一起在各大联谊联欢活动中担当主角，热情参与各类公益活动。在社区帮扶中，陈晓霞接触到了一位特别让人心疼的女孩子。她叫媚媚，天生有软骨症，是一位行动不便，只能以轮椅代步的双失孤儿。在她父母相继离开后，媚媚越来越封锁自己，很长一段时间都不愿和家人、朋友沟通联系，一方面不想给别人带来麻烦，另一方面又害怕别人歧视她，于是内心的大门就渐趋封闭了。陈晓霞刚接触媚媚时，发现她喜欢整天待在家中，自尊心比较强，对陌生人有所防备，比较安静，不爱说话，仅以简单的回应回答问题。陈晓霞担心她长此以往会得抑郁症，便坚持定期组织志愿者上门探访。为了拓展媚媚的交友圈，陈晓霞就试着带她走出家门，带她认识同小区的其他服务对象，同样是行动不便的残障长者，让她放下了思想包袱；在和她交谈的过程中，陈晓霞发现她的声音特别甜美，为提高她的自信，陈晓霞就带着她到小区其他服务对象的家里，举办家庭迷你音乐会，借此展示她甜美的声音。后来，陈晓霞又带她去认识同小区的自闭、单亲、失独等其他服务对象，慢慢地，媚媚的心扉打开了，媚媚家里的大门也常打开了。她出门多了，脸上的笑容也多了。她现在已经与小区里10多名服务对象成为好友，经常小聚，畅谈生活。为了让媚媚有更多的机会展示才华，陈晓霞在精心策划文艺汇演、联谊联欢等活动时，专门编排媚媚与志愿者合唱，适应以后再逐步过渡到独唱。后来陈晓霞又发现媚媚的记忆力特别好，手指特别灵活，就编排了手语和诗歌朗诵节目，让她和雯雯当主角。现在，媚媚和雯雯的演出已成为老人院文艺汇演、联谊联欢传统保留节目。陈晓霞还经常带媚媚参与各类公益活动，免费教大家制作丝网花等手工制品，并将她参演的节目通过"红棉暖心　与你相伴"微信公众号推送，给予了她极大的鼓舞。

媚媚（左二）参加 2020 年红棉暖心新春联欢，与志愿者共同演绎手语《让爱传出去》

现在的媚媚，乐观自信、阳光向上，也和雯雯一样，加入了红棉暖心服务队，并成为志愿队的骨干成员。她每次参加公益活动后都会在朋友圈发表感言，分享体会，传递正能量。媚媚还通过微信平台分享她的个人成长故事和感悟："像我们这种特殊群体都不容易接纳陌生人，觉得别人对我们的眼光总是不友善。直到我遇到红棉暖心队，是晓霞姐姐用自己的私人时间来探望我、温暖我，走进我的内心，是晓霞姐姐一次又一次带我去参加暖心大家庭的公益活动，通过去养老院探望老人，去街道教大家做手工花，通过暖心家庭的聚会唱歌传达欢乐给大家，让我扩大了朋友圈和生活圈，让我实现了自己的价值，结识了很多和我一样行动不便的邻居，彼此之间有了沟通交流和互相关心问候。让我觉得自己的不幸不应该成为逃避生活的借口，更让我明白到什么是感恩的心，什么是大爱无垠，改变了过去我认为做义工是吃力不讨好的看法，让我从受助者成为助人者，更让我想将这份爱传递给更多像我一样的特殊群体，让更多有爱心的人加入这个大家庭。"

2014 年至 2022 年，9 年多的努力，陈晓霞带领红棉暖心志愿队风雨无阻、持之以恒地为社区特殊困难群体提供便民暖心服务，构建起手工、交友、文艺、榜样和惠民平台，打造出"志愿者＋社工＋受助者＋N"的社会支持网络，成功赋能特殊群体，实现自我增值。她开设了110多门公益课堂，培养了多位在线上或线下授课的讲师。在志愿队的共同努力下，梅姨从手工小白进阶为手工达人，成为广州少年儿童图书馆和社区"梅姨创意手工坊"公益课堂的授课老师，先后主讲折纸、皱纸、海绵纸等系列手工课，传授蝴蝶、百合花、薰衣草、康乃馨、玫瑰花、芙蓉花、红掌等制作技巧；清姐担任点心制作、生活小妙招、折纸、粘土等课堂的主讲老师……从此，越来越多的服务对象由受助者转为助人者，60多名服务对象积极参与红棉暖心志愿队开展的各类公益并提供志愿支持。"红棉暖心"，既温暖了社区里的千家万户，也让其他特殊家庭看到了更多的希望。

暖心惠民坊：贺建党101周年　向党的生日献礼——
梅姨创意手工坊玫瑰花制作公益课堂

陈晓霞认为，志愿服务就是一种互相的温暖。"看见他们的改变，我们也特别高兴。我们希望通过这种方式，在服务对象的心里种下感恩的种子，希望他们不要盲目依赖志愿者，而是学会感恩党，感恩政府，对社会发自内心地接纳和回馈。在得到帮助后，他们会积极地响应政府的号召，像是在防疫期间，雯雯、清姐去当志愿者了。我真的很欣慰我的服务对象都对社会发自内心地接纳和回馈。"

"在跟服务对象、特别是特殊群体的接触中，我觉得他们不仅仅需要物质上的帮扶，更重要的是心灵上的关爱，从而让他们的价值得到提升。因此，我们首创了'特群之家'，连接不同片区的特殊群体，让他们聚在一起，拓展他们的交友圈，举办一些文艺汇演，让他们展现才华，增强自信。通过这种方式，改变他们的人生轨迹，让他们也能拥有亮丽的人生舞台。"

失独长者走出阴霾，开心参加手工课堂，并融入社会

"做志愿真的是助人自助的。"陈晓霞说，在志愿服务中除了能够帮助服务对象解决困难、实现自我增值、改变人生轨迹之外，对志愿者本身的成长也是有很大帮助的，甚至还能促进工作效率与质量的提升，增

进同事之间的情谊。"通过志愿服务，锤炼党性，提高思想境界，提升贴近群众、凝聚群众和服务群众的本领。我就是从一个手工小白成长为丝网花系列手工课堂的主讲；成为微党课主讲，参与课件制作，担任文艺汇演的主持、编导和演员，参演小品、舞蹈、手语等节目。我也从一名志愿参与者，成长为项目和队伍的创始人，统筹策划和运营项目，带领团队争先创优，屡创佳绩。在这个过程中，除了志愿服务的奉献精神在本职工作中得以体现外，综合协调能力、科学管理时间能力和工作效率得到加速提升。志愿服务的 20 年，我也换了几次岗位，我的同事也加入到我的志愿队伍当中。我发现，同事在参与志愿服务后，交流多了，理解多了，工作上相互支持配合，营造出积极向上、争先创优的氛围。我带过的团队，也获得了国家及省市荣誉。"

雪中送炭，温暖彼此，志愿者与受助者就是这样一种关系，相互温暖、相互滋养、共同成长。陈晓霞秉持着"用心点燃希望，用爱改变人生"的信念，将温暖传递到了社区的每一个角落。

木棉之红，底色之红

陈晓霞自 2003 年光荣地成为中国共产党党员后，便一直以一名真正的共产党员标准要求自己，不断鞭策自己，在行动上入党，在思想上入党，全心全意为人民服务。

特别是在新冠肺炎疫情防控期间，陈晓霞尽心竭力地肩负起党员和志愿服务队长的责任与担当，身先士卒，带领志愿者们奋战在社区防疫的第一线，主动筹资驰援社区开展"双轨式"防疫志愿服务，为助力打赢疫情防控阻击战和复工复产攻坚战做出了积极贡献。在这段时间里，陈晓霞一下班就带队为特殊困难群体送上口罩、护目镜、手套、酒精消毒液、免洗喷雾、免洗洗手凝胶等防疫物资、粮油及生活用品，惠及聚德西、坚真、金丰、立新、海洋、海康、纸北、石岗、百合、新安、新桥、桥东等 70 个社区的失独、残障、自闭、高龄孤寡、单亲等特殊群体；同时利用微信群，定期向服务对象发送居家防护指引，收集社情民意，及时宣传有关政策。陈晓霞充分发挥党员的先锋模范作用，不畏风险，利用中午和周末休息时间，带领党员志愿者参与40多个社区的群防群控工作，包括对来往行人和车辆进行检测，引导登记穗康码，采集外来人员信息，协助办理出入证，派发宣传单张，引导居家隔离，站好党员先锋岗，当好疫情防控值班员、排查员和宣传员。在这个特殊时期，陈晓霞还积极主动链接公益资源，联动新华网、广州电视台等媒体，先后开展"数立信心""同舟共济，抗疫情""抗疫最前线，暖企进行时"等多个主题公益宣传活动，通过高清视频、链接推文、航拍、电视台、户外广告以及大数据平台等全方位全媒体矩阵宣传，充分展示了多家市属国企克服困难迅速复工复产、推动经济增长、主动参与疫情防控阻击战的责任担当。

红色，是共产党员的底色，也是中国志愿服务的底色。"党员红"和"巾帼红"，陈晓霞将会继续秉持这两种底色，坚定不移听党话，矢志不渝跟党走。每一次冲锋在前，每一个重任在肩，每一回坚守在岗，都是对先锋模范作用的最好诠释，都是对为党分忧、为党尽职、为民造福的最美阐述。

盛放在社区里的红棉花

20多年来，陈晓霞贴近群众需求，做实、做细、做专志愿服务，联动多方开展慈善义卖、乐安居公房改造、医养联动模式公益筹款等惠民服务，进社区送平安、送文化、送关爱；创立"逆行守护特群""暖心惠民坊""星伴成长""梅姨创意手工坊""星妈才艺秀"等20多个项目，项目获评全国第二届党建创新成果展示交流活动服务群众十佳案例银奖、广东省最佳志愿服务项目、"益苗计划"新时代文明实践专项赛示范项目、广东省最佳志愿服务组织、广东省新时代文明实践志愿服务首批百佳团队等数十项荣誉，树立了良好的志愿服务先进典范。

陈晓霞的社区志愿之路虽有艰辛和汗水，但更多的是收获和感动。20多年的志愿服务感悟，陈晓霞概括为12个字：守初心、建机制、搭平台、办实事。

守初心——作为一名党员和志愿队的队长，陈晓霞坚定践行全心全意为人民服务的根本宗旨和弘扬奉献、友爱、互助和进步的志愿精神，充分发挥好党员先锋模范作用和队长示范带头作用，贴近群众需求，结合不同群体、不同阶段的显性和隐性需求，提供接地气的惠民、便民服务。

建机制——陈晓霞结合创立项目和实施的情况，建立三大相应帮扶和赋能机制，保障项目和志愿的成效。一是建立志愿帮扶机制，聚焦特殊群体需求，创建"7788＋"机制①，确保帮扶实效；二是建立多方联动长效帮扶机制，发挥多方联动的资源互补优势，创建"机关＋社区＋志愿队＋企业＋N"多点联学共建模式以赋能社区治理，构建"志愿者＋社工＋受助者＋N"的社会支持网络，确保最大化提供多样化服务；三是建立赋能增值机制，通过"线上＋线下"展能、拓能和赋能的多重组合，创建广州市妇女干部学校、广州少年儿童图书馆、老人院、项目赛事和社区中心五大基地，打造交友、手工、文艺、榜样和惠民五大平台，助力特殊群体实现自我增值，改变人生。

搭平台——陈晓霞搭建了社会共融和才华展示两大交流共融平台。首创"特群之家"，联结不同片区的特殊群体，搭建交友平台，实现抱团取暖。搭建展示才华平台：线上，通过官方宣传平台开设专栏，由受助者开设手工制作、生活小妙招等课堂；线下，结合受助者专长，举办各类文艺汇演和开设创意手工坊，由受助者参演和主讲，展示才华，体现价值。

办实事——陈晓霞聚焦特殊群体的需求，实现精准服务。陈晓霞持之以恒地精准帮扶，既授人以鱼，更授人以渔；既进行了物质帮扶，又进行了心灵关爱；既扶贫，也扶智；既"输血"，更"造血"。她针对特殊儿童，提供特殊教育课堂、创意手工等服务；针对低保家庭，提供灵

---

① 指的是7共建7主题月8课堂8聚会。

活就业机会来增加收入，实现价值重塑；针对失独长者，提供周末儿女、亲子课堂等服务；针对高龄独居长者，提供爱心餐上门、周末卫生日等服务。疫情期间，主动筹资6.5万元购买防疫物资，为70多个社区的特殊困难群体送上"暖心包"，并带队驰援社区战疫。

陈晓霞对社区志愿服务的理解有独到之处，而这点独到之处，也让陈晓霞在社区志愿服务之路上渐臻佳境。"其实我认为，社区志愿服务和党的宗旨是一脉相承的：党员以全心全意为人民服务为宗旨，志愿服务精神以奉献为精髓，社区是市民群众聚合之地。三者高度融合，便能更好地达至'党员志愿者秉持奉献精神，聚焦群众需求，全心全意为人民服务'的美好境界。"

20多年来，陈晓霞为民初心不改，成为守护社区特殊群体的暖心"家人"：她既是失独长者、孤寡老人的"周末儿女"，还是自闭儿童的"特教老师"，更是双失孤儿的"知心姐姐"……让失独不再孤独，让自闭不再封闭，让孤儿不再孤单，让残疾不再无助，陈晓霞用实际行动为新时代志愿服务写下了生动、温暖的注脚。

"希望志愿者，特别是党员志愿者，能把践行初心与使命切实落到点子上，充分发挥党员的先锋模范作用，深入基层、契合需求、链接资源、精准施策，持续开展'我为群众办实事'实践活动，通过展能、拓能、赋能等多种组合方式，提供暖心贴心的惠民便民服务，切实解决群众'急难愁盼'问题，帮助困难群体实现价值重塑和自我增值，从而走向新的人生舞台。"陈晓霞对广大志愿者的寄语，充分体现了"奉献、友爱、互助、进步"的志愿精神。

一花开来百花开，一人作范众前行。一件"红马甲"的背后，是万万千千件"红马甲"；一朵"红棉花"的背后，仍会有万万千千朵"红棉花"。眼下，这朵"红棉花"已然盛开，并将一直怒放下去，将大爱和温暖传递到社区的每一个角落，将关爱和关怀惠及社区里的特殊群体。暖心关爱满人间，陈晓霞将会继续秉持"用心点燃希望，用爱改变人生"的理念，在社区志愿服务之路上行稳致远。

社区志愿服务里的一抹"海青色"
——何丽静①和广州市海珠区青年志愿者协会的故事

"我真想把我们的故事出成一本故事书!"海珠区青年志愿者协会会长何丽静和她的同事们像往常一样,在为志愿工作奔波操劳一日后,回到家时钟表上的时针已然指向晚上八点了。经过短暂的准备,何丽静道出了想要好好记录下被自己称呼为"海青天团"的海珠区青年志愿者协

在2021年学雷锋全民志愿服务行动月启动仪式暨志愿服务
先进典型颁奖礼上的何丽静

① 何丽静,广州市海珠区志愿者行动指导中心主任,海珠区青年志愿者协会会长,15年来深耕志愿服务工作,曾获"广东省岗位学雷锋标兵""广东省志愿服务银奖""广州亚运会亚残运会嘉奖个人"等荣誉称号。

会的故事的心声。"我和我的同事都深深热爱着海青协,更深深热爱着志愿服务这个事业。"到底是什么让何丽静和她的伙伴们从建设一支青年志愿服务队伍,然后发展为一支专职运营团队?是什么让何丽静和她的伙伴们最终选择走上了志愿道路,并让他们在社区志愿服务之路上留下了一抹浓厚的"海青色"?

因为爱,所以爱

"说实话,为什么选择了志愿服务这条路,当年的自己,也说不清楚。我的父母对于我从事这个领域的工作也是非常担忧,但是他们尊重我的个人选择,而且还会通过报纸收集一些关于社会工作的信息,偶尔在报纸上看到关于社会工作发展的报道还会特意剪下来,留给我看。这一切,都是对我满满的支持和爱。"

高考结束后的何丽静正像无数高三学子一样,琢磨着想去的大学和专业的填报。因在电视上曾看到过有关社工题材的香港电视剧,她接触到了社工这份职业,认识到其"助人自助"的行动理念,看见了他们"以生命影响生命,以行动传递感动"的切实行动。何丽静对社工的初始印象十分好,认定这是一项能将温暖传递给别人的工作,便将其填入了自己的志愿专业之一。2003 年,她被华南农业大学公共管理学院录取,成为社会工作专业的大学生。"那个时候算不上了解得很深,只知道社工是一项助人的工作,但就觉得可以去试试看。"当时的她,估计不会想到这一试就试了 15 年。进入大学后,何丽静努力学习知识、积极参与各类实践,慢慢地理解和领悟了平等、接纳、助人自助等社会工作理念,她慢慢地爱上了这一专业。"通过专业学习,我非常认同社会工作的价值理念。但是,当时社会工作并不为人所了解,对于未来的就业方向和岗位也并不清晰。"而这时,恰好有一批热心推动内地社会工作发展的香港社工,他们义务来到学校给社工专业学生上课,分享香港社会工作的发展,传授各项专业技能。何丽静说:"我感觉,社工会发光!直到现在,香港社工的专业精神一直都影响着我。"在专业学习之余，她积极投入实践，身体力行，挤出自己的闲暇时间，积极发动身边的朋友、同学，组建社会工作协会。每到周末、节假日，何丽静和伙伴们的身影总是活跃在校内外的志愿实践中。在一次次理论学习和志愿实践中，何丽静越发地明确了未来的方向——成为一名真正的社工！

2006年，何丽静获得了成就梦想的机会——成为海珠区青年志愿者协会的一名实习生。当时，海珠区青年志愿者协会还没有正式注册成立，办公条件有限，10平方米的小房间、2台旧电脑、几张旧书桌。面积小、设备差、经费少和工作多，任谁也不会想到这里竟然是后来向全区、全市乃至全国输出志愿精神和工作模式的起点。"当时协会的场地很小，是一个仅有10平方米的网吧里的阳台，每次开会我们穿过网吧才能找到阵地，就像在秘密基地里做事一样。由于协会还没有正式成立，整体的运营是由一帮来自不同学校、富有热情的志愿者骨干负责。当时开展志愿服务活动的经费很少，全靠志愿者们自筹资金，甚至还要出去跟商家拉赞助。但是，在这里我们得到了充足的锻炼，积累了丰富的实践经验，获得了满满的成就感。所以课余时间，我们这批年轻人就往协会跑，开会讨论各个部门的工作，很多时候还会讨论到三更半夜。苦中作乐，是志愿青春最珍贵美好的回忆了。"何丽静说。

正在做志愿的何丽静（右一）

虽说"一腔热血难志愿，10米平方志愿难"，但何丽静这帮年轻人对志愿服务的挚诚以及工作中的咬牙坚持，最终浇灌出一片青苗，工作成效得到了海珠区团委的肯定和认可，这成为她事业的转折点。2007年，海珠区青年志愿者协会正式注册成立，同年，何丽静大学毕业，成为协会的第一批正式员工。她用协会专职岗位维系了一帮可靠实干的伙伴，在志愿服务职业化道路上探索。"在志愿服务的道路上，我也曾经质疑过、沮丧过，想过要退出或者换一份其他领域的工作。很庆幸的是，每当我遇到困难的时候，我的团队、我的志愿者都会跟我一起面对，相互鼓励、相互扶持、相互补位。他们让我看到了生命中的美好。他们让我觉得，能在这个行业坚持，本身就是我莫大的一种福气。"看着协会从无到有，稳步发展，越做越大，越来越温暖，"我真的找到了一种成就感和归属感，那是在别的工作中找不到的"。尽管困难重重，但何丽静找到了自己行动的答案，再也不感到困惑了。

选择，到疑惑，再到确定，一路走来，何丽静与各类困难做斗争，最终克服了一个个前行的障碍，走上了志愿服务之路。也许当时的何丽静并没想这么多，但毫无疑问的是，因为相信大爱，所以她爱上了志愿服务。

十五年实干，耕出了一片沃土

海珠区很多特色品牌志愿服务项目都像是何丽静"一手带大的孩子"，由她种下一颗善意的种子，再经由志愿者和社会各界关爱的双手，使其苗壮成长，用温暖和善意回馈社会。

2008年，一场特大冰雪灾害袭击了我国南方地区，超10万名旅客被迫滞留在广州火车站。海珠区团委临危受命，发动青年志愿者迅速响应，当晚由海珠区青年志愿者协会发布了志愿者招募令，2小时内就组建了一支超200人的志愿队伍。时间紧、任务重、场馆大、沟通难……不少困难横亘在何丽静等志愿者的面前，但他们没有丝毫畏惧和犹豫。当年的冬天特别寒冷，水、方便面……一箱箱应急保障物资从志愿者手中传到滞留旅客手里。"最让我印象深刻的是那些随时带着无线电设备的无线电爱好者们。当时网络通信不发达，交流都是靠电话沟通。广交会场馆很大，志愿者岗位之间的沟通是一个很大的问题。无线电爱好者们在展馆架设了无线电台，搭建了通信线路，解决了联络沟通问题。在这次活动结束后，我仍有跟他们保持联系，维系情感。"还有面对展馆简陋环境但仍乐观坚持的志愿者们，也让何丽静印象深刻。"因为那里是展馆，不可能有床，而我们又差不多是 24 小时工作。到了晚上的时候，大家都是裹着被子席地而睡，没有人抱怨，反而是互相补位、互相鼓劲。"协助派发救援物资、维持展馆秩序、安抚群众情绪，这次在琶洲展馆的通宵"作战"，由共青团发动的青年志愿者发挥了重要的作用，让市区各个政府部门看到了志愿者们的作用和风采，志愿服务开始逐渐走进党政中心工作，这令何丽静更加坚定了前行的决心和信心。

在中科院南海海洋研究所志愿服务提升培训交流会上的何丽静

"很多人以为我们做志愿、做公益是不用钱的，但是，活动物料、志愿者保障、团队运营，都是需要成本的，这就使我们不得不寻找更多路径支持志愿服务项目开展。"在团区委的领导下，海珠区青年志愿者协会与区禁毒办、区城管局等众多职能部门联系，合作开展了"626 国际禁毒日"、垃圾分类等众多大型志愿服务行动。在这个过程中，青年志愿者的奇妙创意和超强的团队执行力获得相关部门的肯定，越来越多的职能部门开始加强与海珠区青年志愿者协会的合作，团队的工作经费得到了一定的保障。2010年广州举办亚运会，团市委大力号召全市广大青少年积极参与志愿服务行动，城市志愿服务正"火热"。而这时，不少高校志愿者、社区志愿者，甚至是在职工作者都积极主动报名参与亚运会志愿服务。何丽静带领海珠团队积极响应号召，开展大量的志愿者培训工作，通过制作海珠区亚运会志愿者证件、志愿者徽章和志愿者明信片等方式，凝聚和维系了一群来自五湖四海对志愿服务热忱的社会志愿者。2011年，乘着广州亚运会的东风，在团区委努力争取下，海珠区正式成立广东首个区级志愿者行动指导中心，何丽静担任海珠区志愿者行动指导中心主任，志愿服务工作经费纳入了政府财政预算，志愿服务迈向专业化，走上新台阶。新身份意味着更大的责任和更大的担当，她肩负起了全区志愿服务发展统筹、规划协调的任务。"除了做志愿服务外，我现在还负责链接项目资源、经费资源等工作。虽然忙，但这也倒逼着自己提升工作效率，努力做好各项工作。这些年来，我很欣慰把每一项工作都做好了。"

"社区是志愿服务的主场景，是青年志愿者参与基层社会治理的重要渠道。"在海珠区共青团指导下，何丽静将眼光放在了扶持地区公益组织、夯实社区公益志愿服务领域上。为了凝聚和服务海珠地区的公益组织，她频繁走访各大"草根"公益组织，深入了解组织发展过程中的经验、成效以及遇到的问题，积极为他们出谋献策。她创办了"公益伙伴日"公益领袖交流活动，凝聚海珠地区的公益组织领袖，共同讨论公益发展问题。她把志愿者行动指导中心打造成为公益组织资源互助平台，为公益组织链接资金、物资、人力等资源。2015年成立"HI公益部落"青年社会组织孵化培育基地，7年来孵化培育社会组织超过30家，为其链接资源、合作项目更不在其数，从这里走出去的公益人才成为广州乃至珠江三角洲地区公益领域的领头羊。在她的努力下，海珠区的公益组织蓬勃发展、百花盛放，近百个公益组织在海珠公益土壤里生根发芽。

何丽静不仅是志愿服务工作者，更是志愿者和同事们的引路人、同行者。无论工作多么繁忙，何丽静始终以热诚、支持的态度为志愿者厘清服务中的困难，给予精神上的鼓励和温暖，亦师亦友，平等互助地推动每位志愿者成长。从第100届广交会到第130届广交会，会展志愿服务一直是海珠区品牌项目，每一届服务超过3000人次志愿者参与，为中外客商提供外语翻译、场馆指引、交通查询等服务，彰显广州青春活力、热情好客的氛围。何丽静给自己定了一个规矩：每次巡岗必须要与服务中的每一个志愿者打一个招呼，给他们讲一句赞赏的话。为此，她来回奔波于各个岗位之间，和志愿者们聊天，询问他们来自哪里，服务岗位怎么样，有没有什么困难，称赞他们的服务表现。一次巡逻下来就要花费2个多小时的时间，碰到已显疲态的志愿者，她还会主动提出让志愿者休息，自己来顶岗。广交会期间，每天服务从早上6点半就开始了，何丽静总是为志愿者们准备好各种物资；晚上七八点服务结束后，又等到所有志愿者都解散，打扫好卫生，她才带着同事、志愿者骨干撤离。在何丽静的眼中，自己从来不是什么领导，当有的社区志愿者开玩笑叫她领导时，她总是立刻说，我是为了服务好志愿者们才存在，不是什么领导。志愿者乐意做的事情，她与志愿者一起干；大家不太乐意干的苦活、累活，她主动带头干。2020年新冠肺炎疫情暴发后，约3000人次志愿者深入社区、机场、车站等一线参与防疫工作，何丽静作为社会应急志愿服务负责人，更是以身作则，迎难而上，不怕困难，与同事们一起加班工作、共同奋战，为人民群众快速筑起健康防护墙、合理安排志愿服务岗位、保障志愿者安全，并一直坚守岗位，起到了良好的模范带头作用。

除了拼搏精神和工作态度，何丽静还凭借着专业的社工知识和技巧完善了志愿服务工作架构体系，建立了以志愿者招募维系为基础、志愿者骨干锻炼为中坚、志愿服务职业人才培养为核心的海珠志愿服务人才队伍培育制度，将志愿服务按内容划分成社区志愿服务、便民志愿服务、公共赛事志愿服务、展会志愿服务等板块，总结了不同形式志愿服务工作经验。她把一个原本松散的志愿者队伍发展成有着200名稳定志愿者骨干、近10万名志愿者规模的海珠志愿服务体系，打造出了今天强大的"海青天团"；建立并创新了广交会志愿服务、广马志愿服务、福袋传城行动、"慢时光"长者关怀计划、地铁博物馆公共志愿服务、图书馆志愿服务、疫情防控社会应急志愿服务等特色志愿品牌项目；团结并凝聚了数十支以社会青年为主的志愿者队伍，通过志愿服务不断探索社区基层治理方法，号召地区企业单位党团员、在职青年参与社会治理，联动爱心企业为公益志愿服务捐赠善款，推动青年志愿服务社会化、可持续化发展。如自2013年发起的"福袋传城"行动，截至2022年已经开展了九届。项目已累计筹集爱心福袋25000个，折合资金约250万元。从一开始简单地捐赠闲置物资，到现在分长者包、家庭包定制，项目形式更加规范、实用。从一开始只惠及区内独居长者、残障人士、困境青少年等群体，到现在已经在全市铺开，走向梅州大埔、贵州瓮安等地区。项目不断升级迭代，影响力也在逐年上升，"福袋传城"被评为全国学雷锋志愿服务"四个100"先进典型活动"最佳志愿服务项目"。"通过多年的努力，每到过年前，大家都想着要参加'福袋传城'行动，志愿服务真正成为一种习惯。"何丽静说道，现在的"福袋传城"对于志愿者而言像是一年一度约定好的聚会。

社区志愿服务里的一抹"海青色"

为了积极响应党和国家关于推动新时代志愿服务事业发展的号召，满足人民对志愿服务更高标准的常态化、个性化和品牌化的需要，在何丽静的牵头下，海珠区于2021年与瑞宝街道团工委、金碧东社区居委会、金碧物业进行结对，共同组建工作联络团队，推动作为广东省"共创美好社区"——青年志愿者服务行动的试点项目之一的"青春瑞宝"瑞宝街道青年社区志愿服务项目的建设。项目坚持"党建引领、融合共建"工作原则，依托瑞宝街道党群服务中心建立"青春瑞宝"青年社区志愿服务站。围绕社区治理，依托省救援辅助队和派出所等专业力量，招募200多名志愿者参与应急救援、抢险救灾、平安社区、普法宣传等服务工作。结合"我为群众办实事"实践活动，相继开展"青春伴读"、

"慢时光"长者关怀计划、"友伴同行"培育计划、非遗文化体验、手工制作、"全民来急救"、"蓝朋友"志愿服务等主题活动，营造社区志愿服务良好氛围。

一餐饭，暖一群人。"慢时光"长者关怀计划原型是为长者做一顿爱心餐饭的"志爱餐"。后来，该项目不止于送餐，还发展出定期探访、"微心愿"、送健康等活动内容，为长者提供更丰富的身心活动，同时也能用行动强化青年尊老、爱老、为老的传统品德。在一次探访中，何丽静团队发现社区里有一户年过七旬的失独长者家里没有婚纱照，而二老时常表达想要补拍婚纱照的愿望。在得知此事后，她与团区委就此事链接了从婚纱到专业摄影团队的社会资源，邀请二老在海珠区晓港公园中补拍了美丽的婚纱照，弥补了年轻时候的遗憾。"当时，这户老人家的儿子在大概 20 来岁的时候离开了，这对他们而言是非常大的打击，后来他们就变得孤僻起来，不太愿意与邻居交流分享，后来，我们的志愿者通过长期的陪伴和关怀，最终让他们敞开心扉，我们也得以帮他们完成这个小小心愿。"何丽静说道。

2022 年 8 月开展的"慢时光"长者关怀计划

近年来，素质教育改革不断推动青少年参与社会实践，志愿服务成为热门实践项目。暑期来临之际，何丽静总是发动区内各社会组织制作志愿服务菜单供中小学生参加，还主动联系社会资源开发创新有趣的暑期志愿服务项目，提升青少年参与志愿服务的能力和品质。"我们在2022年7月时与爱心医药企业联动，举办了'志愿小药师'的关怀长者活动，青少年们通过在现场学习中医药文化及用药安全知识后，完成'爱心驱蚊包'的制作后，将用药安全知识与'驱蚊包'一并带给长者。""那个时候感触最深的是，一些参与的亲子家庭发现，原来利用空闲的时间去服务本社区的老人家是一件很有意义的事，他们还持续关注我们的后续活动。"看到愿意参与社区志愿服务的亲子家庭，何丽静颇有感触。"其实我们一直都在探讨青少年可以参加到什么样的志愿服务当中，不少的青少年也这样向我们反馈需求。因此我们正在搭建一个专注基层社区领域的青少年志愿服务平台，规定社区统一行动日，在区内中小学展开招募，挖掘出有潜力的志愿队伍，将他们培养成服务社区本土的志愿队伍。"何丽静津津乐道地介绍着"友伴同行"培育计划。

2021年10月在瑞宝街道开展的"友伴同行"培育计划现场

"有一支队伍让我印象深刻，那是一支全部由三、四年级学生组成的队伍。别看他们年纪小，他们分工明确，执行能力惊人。语言能力好的，当主持人；擅长拍照的，当摄影师……"何丽静佩服地说。"更让我有感触的是，社区里面其他来参与志愿的青少年、家长等，看见这支小学生队伍，都会觉得很佩服，有种向榜样学习的感觉。在志愿活动结束后，大家都会跟我聊到，也想去建立一支像他们一样的志愿者队伍，用自己的力量去服务社区。"一棵树，摇动另一棵树，这可能就是志愿的魅力。

2021 年开展的"青春伴读"活动现场

"海青协不是一个人的海青协"，"海青色"也不只是个人的背景色，背后是何丽静与同事们同甘共苦的辛勤底色。在志愿实践中，何丽静摸索出一套令志愿者们感到"留恋"的方法：坚持以参与为主题，为不同群体提供多元化的志愿服务岗位，通过专业的组织运作让参与人员获得良好的体验感。在何丽静和她的团队的努力下，"海青天团"积极地为社区基层治理贡献力量，努力寻求社区治理的"最大公约数"，促进海珠区志愿服务的蓬勃发展。

"其实在过去的几年里，我都是一个管理者、运营者的角色，参与到执行具体项目的机会比较少，所以更让我感触深刻的是我们同事之间、志愿者之间的感情联系。""我们就像是好朋友、甚至是亲人一样，在一些像端午节之类的特殊节日里，我们会互相包粽子来送给对方，这份感情真的是特别宝贵！在志愿者生涯里，最让我值得庆幸的是，我真的遇到了一支非常好的团队。"这种相互陪伴、相互成长、相互见证的感觉，让何丽静感到很温暖。志愿服务团队的运营者从来就不是一个轻轻松松的职位。如何管理好志愿者团队，如何让志愿服务事业更好持续发展，如何让志愿服务项目出彩、出新，如何链接整合各方资源……难题不少，挑战很多，考验的不仅是何丽静的解题破局之力，更考验何丽静的应题心态。"每当我遇到困难的时候，我的团队、我的志愿者都会跟我一起面对，相互鼓励、相互扶持、相互补位。是他们，让我看到了生命中的美好；是他们，让我觉得，能在这个行业坚持，本身就是我莫大的一种福气。"

"志愿服务团队管理，在我眼中是一项专业性很强的工作。志愿者管理、志愿服务项目运营、经费筹集、社会宣传等工作，都需要用专业的方法去达成，它并不是简单地献爱心、做好事就能管理好的。海青协在这个领域有 15 年的经验，我们希望能通过整理输出经验，促进更多志愿服务组织的成长。与此同时，社会越来越需要专业的志愿服务项目，要能真正解决社会中的痛点和难点，是雪中送炭，而不单单是锦上添花。"何丽静认为未来社区志愿服务发展的方向应当是多元化、专业化和大众化的，为此，她提出了三点展望："一是通过建立更多的社区志愿服务站，推动社区志愿服务团队自我运营，凝聚维系起社区中的每一个人。二是推动社区志愿服务的多元化和专业化发展。社区需要更多元化、专业化的志愿服务项目，满足多样的需求，真切解决社区治理中的各项问题。三是政府、社会个人对志愿服务的支持不断加强。政府从政策层面给予志愿服务在经费、管理等多方面支持。而社会个人则可以通过捐款、服务等方式参与到社区志愿服务工作中来，这就是大众化。"

让何丽静和她的伙伴们选择走上了志愿道路，并在社区志愿服务之路上留下了一抹浓厚的"海青色"的动因，其实不就是一个个温暖他人的福袋背后所蕴含的"奉献、友爱、互助、进步"的志愿精神吗？未来，何丽静和她的团队仍将像福袋传承一般，将浓厚的"海青色"在社区志愿服务之路上薪火相传下去。

从青年志愿者到青春公益人
——青创力总干事翁浩洁①的故事

　　或许你也曾是千千万万返乡春运游客中的一员，或许你曾在社区中了解到关于志愿服务参与公共治理的知识，或许你在核酸检测现场看到过一群身着防护服的志愿者，在广州的这些场景中总能发现一个熟悉的身影。他是一名从广州成长起来，把志愿服务从兴趣发展成为事业的青年志愿者；他被称为春运志愿服务的"老人"，把参与春运志愿服务当成习惯。他就是广州市越秀区青创力社会发展中心总干事、越秀区平安促进联合会（社区社会组织联合会）会长——翁浩洁。

　　翁浩洁 2005 年开始接触志愿服务，2014 年辞职回到广州创办青创力社会发展中心，积极引导青少年通过志愿服务参与社会治理，服务内容涉及新时代文明实践、文明交通、综治平安、危险驾驶人员社会矫治、垃圾分类、乡村振兴、医疗服务、生态环境等多个领域，荣获"共青团中央抗击新冠肺炎疫情青年志愿服务先进个人""广东好人""广州市最美志愿者"等称号。2019—2021 年共开展志愿服务活动 13329 场次。在翁浩洁带领下，青创力目前已发展成为广东省人文社会科学普及基地、广州市青少年事务社会工作专业人才实训基地、广州市新时代文明实践中心。他带领团队荣获省市区荣誉 45 个，团队青年荣获国家级荣誉 2 人次、省级荣誉 8 人次、市级荣誉 29 人次、区级荣誉 29 人次。

---

　　① 翁浩洁，广州市越秀区青创力社会发展中心总干事，带领青少年通过志愿服务参与社会治理。曾获"全国抗疫青年志愿服务先进个人""广东好人"等荣誉称号。

因为需要，所以坚持

"1月26日，京广线南段因雪灾冰冻停电，列车大规模停运，北上旅客开始滞留广州火车站，广州市春运应急预案启动，铁路、军警、公安、环卫、医疗等诸多部门进入'紧急状态'。"这是2008年冰雪灾害致使80万旅客滞留广州火车站的新闻报道。

此时，正在广州医科大学求学的翁浩洁关注到了新闻报道，"一位妇女晕倒在火车站广场，志愿者手拉手为妇女在人山人海中围出一小块空地，让医护人员进行救治"的照片，深深地触动了他。于是他果断报名2009年春运志愿者活动。这是他第一次接触春运志愿活动，也自此在心中埋下了志愿的种子。

翁浩洁（右一）为春运旅客搬运行李

一群平凡的人在平凡的地方，干着不平凡的事。"您好，请问有什么可以帮到您？""请大家注意保管随身物品。""人工售票请上二楼售票厅。""请不要拥挤，顺着人流走。"这是春运志愿者们每日工作重复的话语。每次上岗，一站就是十个小时，还需耐心回答旅客的问题，这不是一份轻松的工作，可他们依旧热情饱满。春运堪称世界上最大规模的人口迁徙，在春运客流量以亿计的火车站内，许多在外务工、求学的游子都会想尽办法来到火车站踏上返乡的列车。人山人海中，总有志愿者出现在各个有需要的地方，或是站在固定的位置指引方向，或是在偌大的广场呼喊乘坐某某车次到达某地还没登车的赶路人，或是帮游客驮着行李穿梭在人潮中追赶即将出发的列车，他们的身影显得格外亮眼。

2011年1月21日，与众多春运志愿者一样，翁浩洁正在火车站执行普通巡岗任务，一位手里紧紧抓着当天晚上12点火车票的大叔找到他，略显焦急地说："请问可不可以帮我改个时间提前一点的票，只要能早点回家，多少钱都愿意给。"

起初翁浩洁没有在意，简单地向大叔解释了一些乘车要求就准备离开。可是大叔说着说着就哽咽了。翁浩洁发现情况不对，赶紧上前询问，原来大叔临时得知，他的母亲病危即将过世，于是到售票厅排队三个多小时，没有过多考虑直接买了最早的火车票。拿到票后一看才知道即使是最早的票也要等到晚上12点多才发车，焦急与无助交织在一起，只能在广场中徘徊等待。

"春运一票难求，临时有事才去买票，能够买到已然是万幸的了，别的班次都挤满人，现在是给再多钱也上不了，只能耐心等等了。"翁浩洁开始耐心地劝说这位大叔。可大叔依旧不依不饶，并且渐渐哽咽得说不出话。在翁浩洁继续劝导时，大叔突然趴在边上的石台上哭了起来。一位年过半百的大叔，独自外出打工，相信是什么苦都吃过，什么压力都扛过，男儿有泪不轻弹，一位拼尽半生，尝尽社会百态的大叔，却是因不能回家而落泪。家是每个人心中的港湾，可是此时，港湾确实离这位大叔那么远。翁浩洁一边继续安慰一边递纸巾，此时任何语言都显得很无力。

稍微整理好情绪，大叔转过脸跟他说："我妈妈就我一个儿子，我这把年纪，孙子都有了，还要出来打工，这个时候不能回去见最后一面，我真是很不孝。"听了这话，翁浩洁的脑壳嗡了一下。三年的志愿服务，在春运期间的火车站，他看到过一颗颗迫切归家的心、一颗颗游子的孝心。春节回家，对于老百姓而言包含了太多的意义，何况对于眼前这位大叔而言，这一次归家，也许将是与老母亲的最后一面。一想到这，翁浩洁心里产生了"我必须得帮他"的念头。

可是此时的火车票早已售空，怎么才能让大叔尽早回到家呢？翁浩洁立即联系售票厅、广东省汽车客运站、广州汽车客运站的志愿者一起行动，为大叔排忧解难。几经周折，终于收到志愿者信息：市站还有余票，长途客运班车将在半个小时后出发。翁浩洁立马带着大叔赶过去，顺利买到车票。

候车厅里，大叔颤颤巍巍地掏出20块钱递给翁浩洁以表谢意，他礼貌回拒，但心里却百感交集，因为他知道，对于农民工来说，每一分钱，都是用汗水换来的。临别时，被大叔紧紧握住双手的翁浩洁，深刻感受到了这份发自内心的最真挚感谢。

协助旅客上火车，翁浩洁与火车合照

虽然火车站的广场不大，但翁浩洁在志愿服务的过程中看到了许许多多亲情冷暖的画面。"最揪心的事是看到旅客在我面前哭。"翁浩洁说道。每年的春运志愿服务，见过不少旅客因错过回家的列车而落泪。在中国尚未进入全面普及高铁的时代，春运返乡往往是一票难求的，一张火车票代表的是一年中与家人见一次面的宝贵机会。在火车站的茫茫人海中，有着许多需要帮助的群体。他们中有外来务工人员，知识文化水平不高，有时候可能分不清各个火车站的区别而跑错方向，也有不会看发车时间而错过列车；他们中有残障人士群体，春运期间家属无法进站送行；他们中有母婴群体，小朋友容易哭闹带来出行不便；他们中有年迈的老年人，肩扛着沉甸甸的行李步履蹒跚……为找不到方向的乘客带路、一句"到点上车"提醒的话语、接过老人手中的行李、护送行动不便的人安全上车、帮忙照看小孩等等这些看似微不足道的举动，却让行色匆匆的旅客们在跋涉中感受到温暖和力量，让他们在旅途中不觉孤独。乘客们说的每一句谢谢，回应的每一个笑容，是让志愿者一直坚持的动力；成功帮助春运旅客顺利回家，让志愿者看到了自己存在的意义和价值。

就像每年人们都会回家过年一样，春运期间坚持到火车站参加志愿服务早已成为翁浩洁的习惯。即使在毕业后，翁浩洁依旧会在工作之余到一线服务，到现场协调志愿服务开展工作，为火车站志愿者管理工作提供意见和指导；每一年都会回到母校为校内的志愿者提供春运志愿服务培训。从普通春运志愿者到春运志愿服务队小组长，再到春运志愿服务经验分享者，翁浩洁一直为春运志愿服务贡献着自己的力量。对于参与春运志愿服务最大的感受，他说："2013 年，团区委请我给春运写一份卷首语，我当时写下了一个题目《因为被需要，我们一直都在》……对火车站不熟悉的人，如果有人能指引一下，他回家的道路就能更方便一些，而我很愿意做这个人。"直至 2022 年，翁浩洁已坚持参与广州火车站志愿服务 14 年。

翁浩洁为春运志愿者培训

因为热爱，所以深耕

交通安全指引、春运志愿服务等多次志愿服务的经历，让翁浩洁注意到，社会上的志愿者大多关注助老、助残等民生兜底领域，而社区治理这一不算太新但又比较前沿的领域则较少受人关注，大部分民众并不知道其实社区治理和公共服务也需要大量志愿者参与其中。一个尚未被大众关注的领域，需要有人带头去做，在这个过程中逐渐会有更多的人想了解并发现这个领域的需求，从而吸引越来越多的人关注参与。多年的志愿服务经历让翁浩洁有了足够的沉淀和积累，也让他意识到志愿服务不仅是一种兴趣爱好，他认为应该借助志愿服务为社会发展贡献应尽之力，于是决定从舒适圈中跳出来，把自己的想法变为现实。

2014年，翁浩洁辞去在深圳的工作，回到广州创办青创力社会发展中心，开始引导青少年通过志愿服务参与社区志愿服务。起初，翁浩洁的家人们认为他已经在一个很好的单位工作，不应该冒着巨大的风险选择自行创业，所以强烈反对他的决定。但他始终坚信"船到桥头自然直"，对未来保持乐观积极的态度，他坦言："在我们的人生中，选择任何一个发展方向都会面临顾虑，辞职创办机构我可能会面临资金短缺、人手不足的运营难题，但在单位工作，我同样也可能会有着是否能升职、是否会被辞退等顾虑，既然有自己喜欢的方向，那就跟随自己内心的选择，坚定地走下去就好了。"

2015年以来，广州老城区人口居住密集，且社区工作因人手不足、职责不清晰导致治理与服务效果不理想。为此，政府希望能够在社区自发成立一支平安联防志愿服务队，自主管理社区。2016年，为了推进社区平安工作，翁浩洁牵头成立广州市"越秀街坊"社区平安志愿队。组建一支这样的队伍维护社区的治安，听起来似乎容易，但落地实施却要解决许多困难。

"社区治理志愿服务是什么？""社区的治安管理不是政府负责的工作

吗?""我们怎么参与社区治安管理?"当时,居民对志愿服务参与社区治理并不了解,所以在早期发动群众组建志愿者队伍并非易事。翁浩洁带领团队用这个项目参加一些志愿服务项目比赛,台下的评委评论道:"你们这个是形式大于实际,是做不成的。"项目只得了很低分,也没有成功入围。其实,很多街道和社区在以前也有做过相关的尝试,但大部分都没有坚持下来,当时社会上对志愿服务参与社会治理存在"一群青年人能坚持多久"等许多质疑,所以这个项目在初期是不被看好的。

当志愿服务参与社会治理尚未在群众中普及,也受到颇多质疑,是否还要继续坚持呢?

"越不被看好,我就越想做好",抱着坚定的信念与决心,翁浩洁带领团队从零开始,脚踏实地推动项目实施。在了解到北京的群众服务队伍在社区治安、监督工作等方面发挥了很好的作用后,他特意赴北京学习"朝阳群众"的经验。翁浩洁与团队的伙伴们,走访社区大街小巷,向群众宣传社区平安志愿服务,从设计巡防路线到广泛邀请居民加入再到民众主动要求加入,一点点感染,一点点耕耘。在队伍逐渐发展壮大,项目逐渐落地实施的过程中,翁浩洁意识到,在社区动员群众容易依赖熟人网络,在这个社区使用的方法放到另一个社区不一定适用,很难形成成熟的经验和模式推广,局限于小范围开展项目是走不远的。于是,他们动员社区各个领域、各年龄层的人参与,形成各条战线都能联动运作的模式。考虑到项目的持续运行需要制度的支持,便发挥青创力在志愿服务中的经验和专业优势,形成工作机制与范式,并且融合政府、市场与社会的力量,实现资源的互补。

近年来,广州市持续推进平安志愿服务队建设工作,"越秀邻里"平安志愿服务,以社区平安巡防、宣传、社区探访、社情反馈等活动形式,再结合不同社区的本土性,引导各类居民群体积极参与社区治理、自主管理社区事务。经过多年的努力与沉淀,目前越秀区平安志愿者人数已经发展到 71988 人,其中就有青创力直接建立的 22 支社区队伍。截至2021 年,青创力维系的队伍开展常态化社区平安志愿服务巡逻活动 2627批次,参与志愿服务 19127 人次,服务 445442 人次。自越秀区平安志愿服务队组建以来,全区"110"案件类警情同比分别下降了 7.3%,打击

翁浩洁参加社区平安巡防志愿服务

处理数、破案数、破案同比分别上升17.4%、14.4%和5.5%，平安志愿服务队成为社区治安防控的重要力量。当初被大赛评委否定的项目，到如今获评广州市综治创新项目、广州市十大最佳志愿服务项目等荣誉，翁浩洁在广州市政法委召开的全市工作会议上，作为代表分享工作经验。他们的努力，让志愿服务参与社会治理的方式获得了党政部门的认可。

因为危难，所以担当

庚子鼠年，新型冠状病毒肆虐神州大地，本该热闹的新春因疫情变得沉寂。医护工作者逆行奔赴抗疫一线战场，与此同时，也有一群人默默为抗疫提供后勤保障。参与志愿服务多年，翁浩洁认为抗疫期间是最艰难的时刻。新冠肺炎疫情暴发后，为助力疫情防控工作，翁浩洁第一时间加入共青团广州市委指导成立的青年战疫突击队，并在自己的机构成立青创力战疫志愿突击队。

"有许多捐赠物资堆积在仓库，急需志愿者协助清点整理。"在疫情暴发初期，翁浩洁收到广州医科大学附属第一医院的信息。在疫情尚未得到有效控制时，许多人对陌生而未知的病毒大都是恐惧，志愿者招募工作困难较大。作为一名党员，翁浩洁第一时间报名并迅速组织志愿者奔赴医院。第一次近距离接触新冠病毒，难免紧张和害怕，但作为党员和队长，翁浩洁没有退缩，他坚定信念，以身作则，带领队伍调整好情绪后便迅速投入工作，短短 3 天，协助整理 30 余万件物资送往抗疫工作的最前线。

"头发剪短一些就好""头发长了影响工作""真的太需要了""谢谢你们"，这些声音在广东省第二中医院行政会议室传出。疫情初期，一些剪刀、梳子、电推等理发用具，一家简易的"理发店"便在医院"开张营业"了。"医护人员每天穿着密不透风的防护服在一线开展医疗服务，能为医护人员尽一份力，是我们最大的收获。"浩洁这样认为。

开展慰问抗疫一线工作人员志愿服务

2021 年 5 月 29 日晚上 8 点，翁浩洁收到通知：第二天越秀区全员核酸检测，需要志愿者的支援。在团越秀区委指导下，青创力社会发展中心启动全区志愿者紧急招募工作。"我是党员，听从安排，随叫随到""我 24 小时待命，随叫随到""如果有需要，打电话给我"……微信公众号招募令发布不到 4 小时，这座"志愿之城"以高效的速度集结着社会各方力量参与抗疫。宁静的夜晚中，在社区的一栋低矮楼房里，又见翁浩洁和他的同事们忙碌的身影。他们正在对报名的上千名志愿者名单进行筛选，合理分配支援各街道开展核酸检测工作，并联系组织各街道志愿者负责人对接安排工作，一直到凌晨。5 月 30 日上午 8 点，越秀区各街道志愿者准时到岗开展协助核酸检测。在开展核酸检测工作的这几天，翁浩洁不仅白天奔赴防疫一线，负责现场志愿者统筹协调安排工作；晚上回家后仍旧马不停蹄地筹备次日的工作，这也是坚守在社区疫情防控工作岗位上的众多抗疫人员的缩影。5月的广州，天气的变化可用迅雷不及掩耳来形容，正当炎日高空时突然又来一阵倾盆大雨，身穿防护服不到半小时汗水早已浸透衣服。"志愿服务很累，但也常常收获快乐和感动。"翁浩洁说道。这份快乐与感动，来自于每一位志愿者的坚定守护，来自于每一次志愿服务过程中社会各方的支援。"志愿者的团结让我们看到这座城市的底蕴与实力，只要疫情还没结束，广州青年志愿者都会继续坚持抗疫志愿服务。"

疫情防控期间，翁浩洁（右一）到社区卡口参加志愿服务

在一次社区抗疫支援活动中，700顶帐篷急需从越秀区运送到荔湾区，为遵守当时广州疫情防控要求，700顶帐篷几波周折运送到越秀区和荔湾区的边界，由志愿者们徒手搬运到每一个服务点。与此同时，翁浩洁与志愿者伙伴们到社区重要关卡轮值，为出入的居民测量体温；积极参与越秀区关爱慰问部队医护人员家属行动，为社区里的广东援鄂医护人员家属赠送爱心礼包，提供子女课业辅导、心理健康辅导、陪伴等志愿服务。"当一座城市出现紧急情况时，我们任何一个人都不是旁观者，所有人都应该行动起来。"翁浩洁说。

因为明晰，所以思为

让志愿服务参与社区治理，实现志愿服务的专业化发展是翁浩洁创办青创力的初衷。"志愿服务是一个专业的事情，我参加或组织开展志愿服务并不是盲目的、临时的。"翁浩洁在母校读书期间便奠定志愿信念，自此开始参加春运、文明交通、社区治理等志愿服务，当参与志愿服务的次数增多，也逐渐观察到志愿服务存在的问题。在一次会议讨论中，相关领导提出希望能够推动文明交通志愿服务的发展。由于前期开展过相关服务，了解目前文明交通志愿的状况，借此契机，翁浩洁便带领同事着手研究策划设计项目，让文明交通出行得以落实。

2016 年，在共青团广州市委、广州市志愿者行动指导中心指导下，广州市青年志愿者协会成立了文明交通志愿服务总队，由越秀区青创力社会发展中心具体负责总队的运营。在广州市各区车水马龙的街道，与旧时相比，少了一份拥挤感，多了一群为城市文明交通服务的青少年。他们在候车处引导乘客有序排队、引导车辆有序停靠；他们在街道、社区中向居民深入宣讲文明交通知识；他们在公交站台处保障站台公共卫生；他们出现在各个需要提供帮助的地方。这支身着"志愿服务"红马甲的青少年队伍，缓解了广州交通拥挤、出行艰难等问题，进一步推动市民提高文明出行意识。

"叔叔，给您一颗糖，奖励您遵守交通规则。"这是青创力的"甜蜜心动"小小志愿者站在十字路口处开展"我有一颗糖，给不闯红灯的你"交通岗位秩序引导服务。走在广州的街道上，印有"带你去做志愿者，玩转公益"的公益巴士映入眼帘，这是志愿服务一站式的体验阵地，通过新颖有趣的方式带领市民开展志愿服务、交流经验，也通过公益巴士，为社会弱势群体发声，将志愿精神撒播到公益巴士经过的每一处。

文明交通志愿服务总队的行动并没有因疫情而停下脚步，"青少年交通安全第一课"通过云课堂的方式为青少年讲授文明交通知识。为助力

翁浩洁（左二）参加城市文明引导志愿服务

广大学子在疫情期间安全返校，广州公交集团推出48条"如约助学"定制公交专线，接送学生上下学，翁浩洁与文明交通志愿服务总队一同来到公交专线现场，为乘坐专线的学生派发防疫物资包。从志愿者成长到志愿服务组织负责人的翁浩洁，作为文明交通志愿服务队长的他，又化身为志愿服务讲师，出现在公共文明引导志愿服务培训班的课堂上，开讲志愿者形象、工作规范、服务岗位、项目策划等课程，与志愿者们分享经验。

交警、学校和社会志愿者共同努力，借助全新传播思维，将文明交通志愿服务项目打造成为形式新颖、内容简便、可复制性强、接受度高的特色品牌活动。截至2021年，由总队直接开展的活动（31支分队开展活动不纳入计算）845场次，参与志愿者服务7588人次，服务市民407913人次，服务时数58869小时。曾荣获第十届志愿服务广州交流会青年志愿服务专项行动精品项目大赛二等奖、2020年"益苗计划"重点培育项目、"花城有爱·志愿同行"广州市十项志愿服务专项行动一等奖等奖项。

"志愿服务可以成为一个工具，我们可以使用它去参与解决社会问题，但这不能仅仅依靠固定的那群人，需要动员整个社会一起参与。"翁浩洁强调。为了加强对危险驾驶人员的有效教育，切实让他们意识到错误，越秀区检察院与青创力合作，开展危险驾驶人员社会服务项目。危险驾驶人员通过安全驾驶宣传、文明出行宣传、弱势群体帮扶、社会公共服务等社会服务活动，达到自我教育、服务大众、反馈社会的目的。该项目的开展，有效降低酒驾型危险驾驶行为的发生，显著节约司法资源。项目启动以来，开展活动 1200 场，参与服务人数 152 人，服务时数 6080 小时，受服务市民 60000 人次。

从个人参与志愿服务到带领团队组织开展志愿服务，从社区平安志愿服务、文明交通青年志愿服务到社会治理志愿服务，翁浩洁的身份从志愿者个体转变成专业公益人，服务的领域、群体和内容也在不断地创新和拓展，他还倡导社区公益理念与行动，推动相关政策机制的制定出台，逐步实现志愿服务队伍专业化发展与志愿服务事业的高质量发展。

翁浩洁表示，当整个社会需要满负荷动员时，基层治理水平的高低决定动员工作质量的好坏。广州在社会治理中动员群众参与志愿服务是比较前沿的，在近些年的社区抗疫工作中，广州青年志愿者表现得很活跃、很积极，这主要归功于前期打下的基本功。"今天做一下文明交通，明天做一下社区平安志愿服务，后天再做一下垃圾分类志愿服务，这样是不成体系的。"目前的社区服务依旧是由零星的服务项目构成，还没有尝试过以社区为模板，打造整个社区的综合志愿服务生态。未来社区的志愿服务形态，应该是有体系、有生态、有顶层设计，并结合各种各样的服务项目、服务品牌和服务队伍，实现社区志愿服务的可持续运转。经过多年的发展与积累，翁浩洁正在带领着青创力努力创新，比如在文明交通志愿服务队伍建设上，他们尝试着搭建各条线路的分队，让队伍能够在全市不同站点开展服务，并通过制定出台标准化的工作机制推动服务更好地开展，打造可复制、可推广的工作模式。又如，一方面，在越秀区尝试实行紧急响应工作机制，在街道、社区建立应急响应队伍，储备志愿者力量，在应急需求出现时实现快速报名、快速分流，迅速满足应急志愿者的迫切需求。另一方面，在不同项目中，尝试摸索搭建高效的管理系统和数字化信息平台，实现精准发现需求、精准安排志愿者对接的基层志愿者调度，就近就便高效地响应需求。

心有所守，行有所循

因为一次偶然的机会接触到志愿服务并作为事业来深耕，很多人看到的是翁浩洁上台领奖、频频出镜的高光时刻。其实，高光时刻只是台前，只是瞬间，在这背后更多的是需要经历复杂、突发状况不断出现的考验时刻。

机构创办初期，不断地开会、写方案、改方案是翁浩洁的工作日常。面临过大多数新创机构所经历的人手不足的棘手问题，他和身边的亲友分享说："不要在仅仅认为志愿服务是件美好的事情，就盲目选择投身进入这个领域，这样的选择往往是不现实的，我不认为志愿服务是一项大家都能做的万金油工作。虽然现在倡导人人都是志愿者，但是志愿服务的设计、运营需要具备专业能力。只有当你在实践中持续参与志愿服务，对志愿服务有了充分的了解后，认为自己是真心喜欢，再全身心投入这个领域。"

随着社会组织专业化水平提升，社会组织要寻求创新突破，在平衡多方利益的过程中得到政府和社会的认可，这对于任何一个社会组织而言都是一项极大的挑战，不少社会机构因此运营举步维艰而没有坚持下去。翁浩洁认为运营社会组织是苦与乐并存的。被身边人评价为"工作狂"的他，为志愿服务付出很多的他，同时运营三个组织，需要比其他人投入翻倍的时间和精力，但团队中大多是和自己一样热爱着公益事业的年轻人，大家共同探讨、着手计划是让人充满干劲的，当难题被攻克时，成就感和自豪感也油然而生，之前所面临的困难和过程的艰辛也被这一刻的快乐所替代。

虽然参与志愿服务经历了不少苦和累、哭与笑，但这也是一个让人得到极大锻炼和迅速成长的可贵平台。从参与春运志愿服务的第二年，翁浩洁就担任志愿小组长，负责带队，渐渐地他掌握了如何管理队伍，如何与志愿者、服务对象沟通的技巧；青创力创办初期，他曾经尝试过独自负责一场垂直马拉松的志愿服务活动，这都得益于大学期间参加过的许多志愿服务。同样，志愿服务也是青少年得到成长和锻炼的教育课程。一方面，当前青少年在接受学科教育的同时也应该积极投身社会实践教育中，在参与志愿服务的过程中树立正确的价值观，学会友善地与他人相处，实现助人与自我成长。另一方面，随着社会的不断发展，熟人社会逐渐走向陌生人社会，伴随着新兴领域青年人数的增加，过往青年的交往与维系方式有待加强。志愿服务作为一项社会共识度比较高的活动，是有效维系青年的方式。通过志愿服务找到并联系上青年后，用志愿精神凝聚青年，服务青年，引导青年参与社会公共事务，提升青年的社会责任感。

习近平总书记指出："要为志愿服务搭建更多平台，更好发挥志愿服务在社会治理中的积极作用。"志愿服务是青年参与社会治理，投身国家建设的平台和渠道。翁浩洁表示："作为青年党员，全心全意为人民服务是入党的初心，也是我们以后行动的指南，习近平总书记嘱托，把志愿服务作为自己的青春事业，希望有更多青年加入志愿服务行列，以实际行动践行'强国有我'的诺言，不负青春，建功新时代。只有这样，无论以后年纪多大，能否做得动，这套机制都能够吸引更多的青年志愿者持续参加志愿服务。"在未来的发展规划中，翁浩洁希望通过自己的不懈努力，凝聚团结更多的志愿者，薪火相传。同时，不断完善组织的架构体系，实现组织向依靠科学机制良性运作的转变。

青情注暖流，火把暖人心
——火把社区创始人崔丽霞①的青春志愿故事

　　"你是怎么兼顾好家庭生活和志愿服务的呢?"天已经黑下来，崔丽霞正一边忙着整理明日工作要用的资料，一边接受着采访，还要时不时应对未满8岁女儿的"突然袭击"——"妈妈，这道题怎么做呀?"在一番辅导后，屏幕那头传来一阵清婉的笑声，一切便安静了下来。崔丽霞看着那个年龄独有的、令人感到治愈的、温暖的笑脸入了迷。

　　"其实很简单，规则和陪伴，"她回过神来，"首先，规则很重要，一切都建立在商量之上。比如说晚饭的问题，因为工作原因，我可能无法及时回家做饭，这时我就会和孩子商量点外卖；另外就是作业问题，她必须要自己独立完成一部分，然后有一些不懂的我可以协助她，但不是完全帮她做。"在崔丽霞看来，商量应该是解决家庭问题的不二途径。"其次，就是陪伴。""陪伴是最长情的告白"，现在崔丽霞的每一天都离不开和孩子们的温情陪伴，晚上在温馨的小家里照顾自家女儿，白天在充满温情的火把社区里陪伴社区的流动儿童。自她在大学时选择了小学教育这一专业，选择了流动儿童（外来务工人员子女）城市融入问题及发展教育的服务领域时，她躬身入局，用实际行动诠释和实践了"青年担当"。未来的路还很长，但崔丽霞仍将秉持青年时想解决流动儿童问题的一份热情、一股干劲、一种信念，继续扎根基层社区，以青春的激情、饱满的姿态迎接每一个挑战，为流动儿童社区服务事业继续贡献自己的力量。

---

　　① 崔丽霞，火把社区创始人，2009届应届毕业大学生志愿服务西部计划志愿者，广东省五星志愿者。曾获"全国优秀共青团员"、"广东青年五四奖章"提名奖等荣誉称号。

2019 年在行动者发芽大会上发言的崔丽霞

青情注暖流

2006 年 9 月，崔丽霞提着大包小袋准备进入大学报到。来自粤西贫困山区的青稚脸庞上，一双大大的眼睛，正观察着这座城市的一举一动。她站在学校的大门前，像是迷路的样子，若有所思着。也许她被这繁华绮丽的景色给迷住了，正在暗中比较大城市和自己居住的山区农村之间的区别；又也许她一时紧张，忘记了一些事，在想下一步该去哪里；又或许她头脑里正做长远谋划，在想自己以后的路该怎么走……那时的她在想什么，除了她自己，没有人知道。后来，这样的思考仍在继续着，直到她加入了一个志愿者组织。

在大学的第一个学期，2006 年的 10 月，她因缘际会地加入了一个校外志愿者组织——启智服务总队，开始了广州周边城市特殊儿童的助学之路。第一次的新人培训，是在广州的地王广场。谈起十几年前的往事，尽管已经过了很久，但崔丽霞仍然清晰记得。那次培训过后，她前往一间特殊教育学校，给那里患有自闭症的孩子们一对一地进行语言助学，帮助他们表达自我。工作内容看似很简单——陪孩子们说话，教他们怎么发音；但工作实际却是出人意料的难——刚开始时孩子们一声不吭，完全不搭理崔丽霞，顶多偶尔瞟她一眼，发出一两声声音。"其实那个时候我还挺崩溃的，一度质疑自己为什么要每天来这里做这么无聊的事。"初来乍到、没有经验的崔丽霞迷惘过，困惑过。但每次助学活动结束后，老义工们都会给她和新人们讲具体的技巧以及过去的教学经历和故事，不断地给他们加油打气，希望他们继续坚持下去。一番鼓励，崔丽霞坚持了下来，也收获了一份不一样的情谊和一段不寻常的回忆。

花儿需要细水勤加浇灌，一朵小花的健康成长，离不开园丁的悉心栽培；孩童的成长亦是如此，离不开教师的倾心陪伴。花了大约六周的时间，崔丽霞终于和所要帮助的孩子建立了信任，孩子愿意跟她一起学习发音了！六周，说长不长，说短不短。从那时起，崔丽霞就感觉"打开了一片新天地"，看到了坚持的重要性，同时也明白了"志愿服务本身只是在做很小的事情"这一道理。"志愿服务就是一件很小很小的事，它不需要我们去做非常重大、非常专业的事，很多小事其实也是能彰显志愿服务的价值。"是啊，小小的陪伴也是一种志愿服务！

除了在特殊学校进行语言助学外，崔丽霞还积极参与山区支教相关工作。每个月她都会跟随志愿队伍前往清远阳山的山区学校给孩子们讲课，就算遇到国庆节、"五一"劳动节等小长假也从不落下。这一做，就做了接近两年的时间，也是崔丽霞在志愿队伍里坚持最久的一件事情。正因为在阳山的支教经历，让她萌生出一个关于未来职业生涯规划的想法——当乡村老师。"因为我本身读的是教育专业嘛，在支教的过程中，我越来越感觉到教育公平离不开志愿服务，志愿服务在其中扮演了一个非常重要的角色。加上我本身也是山区乡村里长大的孩子，所以那个时候，我就决定了，我不要在城市里当老师，我要回到乡村里当老师。"支教期间，课堂上孩子们的言行带给她特别多的启发和动力，让她看到了自己应该为之努力的方向，逐渐坚定了要坚持为有需要的孩子服务的想法。

2017 年入选银杏伙伴成长计划的崔丽霞

　　"到西部去，到基层去，到祖国最需要的地方去。"这句简单的口号影响着一代又一代的西部计划志愿者，也包括崔丽霞。2009 年 6 月，大学毕业的崔丽霞面临就业选择，父母一直都希望她毕业后能回家乡的县城当一名教师，当一名"城里的老师"，但是大学的志愿服务经历已彻底改变了她对于自己未来人生的规划，她想当的是"村里的老师"。于是，她毅然报名参加了大学生志愿服务西部计划，前往广西开展志愿服务，希望能够为祖国乡村教育事业贡献自己的一份微薄之力。但正如"人生不如意事，十之八九"，崔丽霞去了广西后，因种种原因，没得到自己的"心水"岗位，却得到了与自己的专业没有什么关系、也与自己的志向不是很吻合的水库移民帮扶岗位。但总归有那份"一二"，让崔丽霞不惜牺牲自己的节假日休息时间，在业余时间里下乡和孩子们互动、交流。在帮扶水库移民的过程中，凭借着她对儿童教育问题的敏锐觉察，最终找到了自己未来的发展道路，也为万千流动儿童融入城市的问题找准了解决之道。

　　"那是我第一次下乡，经过一个村民的门口，我都没意识到那间建筑，竟能被称之为'家'。"在崔丽霞的山区老家里，像这样的建筑一般是用来养猪牛羊等牲畜或堆放柴火的，而在这里竟然是用来住人的。"更让我感到难受的是，那里的人们眼中无光，一副无所谓的样子……"水库移民的生活状态再一次刷新了崔丽霞对"贫困"的认知，她逐渐意识到帮扶脱贫工作的重要性。勤勉工作、积极生活的同时，她一次又一次地在想："作为一个有知识、有力量的青年人，不能只顾自己前程。作为当代大学生，我还可以有什么样的担当？"这不仅是崔丽霞个人的青年担当，也是全体青年的担当。

"那个时候，村里的很多小孩总是莫名其妙地'失踪'。"崔丽霞在帮扶的过程中，也认识了不少孩子，但过了些时日再去村子里看望时，有些孩子已经不见了。这是怎么回事呢？问村里的老人家们，就说已经跟父母去大城市了。"在知道孩子们的去向后，崔丽霞产生了强烈的好奇——这些孩子离开家乡后，生活得怎么样呢？"当时是带着一份好奇心和一种很强的使命感，想要了解这些孩子在城市的生存状况，以及作为年轻人可以为此做点什么，改变点什么。"

带着这样的想法，西部计划服务期结束后，崔丽霞决定留在城市，致力于流动儿童城市融入及发展教育的公益项目运营，成为全职的公益人。在自己的青年时期，崔丽霞将她的一份情感投入解决流动儿童融入城市这一能予人温暖的议题当中，在磕磕碰碰、摸爬滚打中继续实践和思考"青年担当"的问题。

艰辛公益路

刚回到广州的崔丽霞，从帮扶水库移民的经历中获得了有关解决流动儿童问题的启发，便立刻着手开始公益创业，加入位于广州市番禺区新侨村的小金雁社区公益服务中心，为流动儿童提供休憩等服务。"最初我是通过网上招聘，参与到小金雁的项目里。"崔丽霞一开始是这个项目的工作人员，后来接手了整个机构。

为什么会选择这里呢？当时的新桥村，是一个城市郊区农村在改革开放的春风里发展的缩影。大量的农田变成了成片的厂房，既为村庄带来了巨大的经济效益，也吸引了来自四海八方的基层打工者。本地居民不足 4000 人，但基层打工者却多达两万人。在走访了众多社区后，崔丽霞和她的团队决定选择扎根在这具有浓厚岭南风情的番禺新桥村。"这个村子户籍人口很少，外来人口众多，但是这里依然充满岭南风情，村落的文化形态没有受到冲击，这让我们对这个地方产生了浓厚的兴趣。"

为什么要叫"小金雁"，这里面有一段缘故。广州是一个打工者聚集的城市。在这里，外来工被冠以"金雁"的名称。从字面上看，"金"意味着财富，"雁"是一种候鸟，通常成群结队地迁徙。正是这群往返于老家和广州之间的打工者，为广州创造了无数财富。外来工的子女，则被称为"小金雁"。而番禺区又是广州主要的工业区之一，分布着大量流动儿童，因此崔丽霞选择了这里作为公益的起始点。

一切顺遂的背后，个中艰辛又有多少人可知？"年关难过"不仅是大家的共同认识，更是她的深刻体会。刚开始创业的崔丽霞马上就面临过年一关。2011 年春节，崔丽霞与团队小伙伴每人获得了由公益机构支持的 1800 块钱的工资。崔丽霞回忆起这 1800 块钱，竟是唏嘘慨然。"交通费需要 400～500 元，还要留出年后回到广州 1 个月的生活费，扣除这些已经所剩无几。"而这时她的很多同学生活已经渐趋稳定，有的成为公务员，有的则成为教师，大多早已"上岸"，只留下公益创业的她被无情地拍打在岸边，但她没有后悔过自己的选择。"当时是满腔热血，没有过多去计较得失成败，因为当你有一件非常想要去实现的事情，也会这样的。"

崔丽霞还记得刚开始创业的 2010 年，流动儿童社区服务与发展领域在珠江三角洲地区完全没有经验可借鉴，而走在前沿的上海以及北京的经验又不太可能移植落地。最初面对融入社区问题的时候，她有些茫然。直到看到北京的公益同行们是如何走进社区的，崔丽霞逐渐意识到，做社群工作并没有捷径，只能日复一日地把自己投入进去，"不是说你站在外面看，而是你真的要投入感情，投入你的时间精力，把自己当作这个社区的一分子"。面对这样的困境，她和小伙伴们群策群力、殚精竭虑，决心要摸索出解决广州流动儿童社区服务与发展问题的一条可行道路。

最忙最累的时候，崔丽霞和小伙伴们个个身怀"十八般武艺"，凡事亲力亲为；最苦最难的时候，崔丽霞和小伙伴们都是靠吃馒头咸菜度日。"我们当时租下了一个废弃多年的小餐馆作为活动中心的选址。社区儿童活动中心从无到有，大到刮墙、刷墙漆、画墙绘、做书架等等，小到每一支笔、每一张纸的购买和使用，都是我们亲手去筹备策划；为了省钱，我们甚至只买笔芯，然后用废纸自制写字用的笔；当时的牌匾还是从村里捡回来的一块废弃门板，在买漆涂刷后，便成了我们挂在门口的牌匾。最终硬是一手一脚地用最少的钱做出了一个社区儿童活动中心。"崔丽霞如数家珍地回忆起艰苦创业路上的点点滴滴。

当时社区儿童活动中心主要提供低成本、可持续且可复制性强的社区托管、兴趣小组课程、图书借阅等基础服务；有时组织夏冬令营等活动，带孩子们探索城市。只要活动中心开放，每天都有孩子来玩游戏，一时成为不少儿童课余时间爱来的地方。每周一至周五放学后，还会有各高校的志愿者来为孩子们辅导作业。但开始时并不是那么地顺利，在解决好活动场地的难题后，又有"如何建立信任"的难题横亘在他们的面前。"那时候，大家对于中心的认知度和接受度还不高，对我们保持着警惕。"崔丽霞说，当时，一个五年级的本地男孩给予了他们很大的帮助，这位男孩带他们走进社区、认识本村的人、派传单，还给他的同学推荐这个活动中心。渐渐地，很多外来务工者愿意抱着"试试看"的心态把孩子带过来，第一波的招募，就招到了20多个外来工子女。慢慢地，一传十，十传百，小金雁社区儿童活动中心的名号就传开了。

"教孩子玩游戏的时候，孩子老打架，打得很凶，甚至大一点的小孩子之间开始约群架了。"崔丽霞在频繁地与流动儿童接触后，清楚地看到了他们身上存在的问题。"有的小孩读到小学三年级，自己的名字都不会写；有的小孩用脏得发黑的手抓东西吃。"学习能力和生活能力的滞后发展很严重。这些令人担忧的问题，不能只通过玩游戏开开心心地解决。于是，崔丽霞开始探索课程教育和课后托管服务。"像青春期的教育、社交能力、生活规范等，我们觉得都是可以通过课程给孩子们带来一些改变的。"当时的课后托管服务还得到了广州市政府的关注，市民政局马上对这种做法进行调研，并在全市进行推广。如今，课后托管已发展为

"四点半课堂"，并在全国的很多社区落地生根，为无数有需要的孩子提供社区照料服务。

两年后，因种种原因，当初的五人团队只剩下崔丽霞一人，在各所大学吸纳的大学生志愿者们也因毕业或各自的人生规划而陆续退出了活动中心的工作团队。崔丽霞开始思考：空有一腔热血是干不成事的，机构必须要同时实现孩子受益和可持续发展。从那时起，崔丽霞才算开启真正的"创业"。孤独者难起，众行者易趋。她开始不断加强自身的能力建设，自费参加各种企业管理课程的学习，并积极寻找更多志同道合的伙伴加入。从团队组建，项目合作洽谈，服务技术的不断改善到筹款渠道的拓展，她勇于试错，并不断加强新工作团队的磨合。最终，摸索出了一套可行的外来工子女社区基础服务模式，还拓展了另外三家社区儿童活动中心。

在志愿者领袖班学习的崔丽霞（左二）

对于崔丽霞来说，角色的转变是最大的挑战。"小伙伴们满腔热血一起干，开始对我作为管理者的角色逐渐有所期待，这就要求我的管理技能要跟得上。但我并没有管理技能，又没有钱去招募一个专业运营官，那就只能硬着头皮上。"崔丽霞坦言，从行动者到管理者，再到领导者，是一个"在压力中成长的过程"，在意识和心态上也要匹配转变。"虽然还在做志愿工作，但很多时候都在应对'鸡毛蒜皮'的事。那个过程太难了，曾经的艰辛让我不想再回首。"

火把暖人心

2013 年春节，在小金雁相邻社区，一场火灾发生了，浓浓黑烟直冲云天。一名被反锁在家里的孩子因无法自主逃生，吸入大量浓烟，最终错失救援机会而遗憾离世。

"这一件事对我而言，是一次沉重的打击。"崔丽霞想起这件事的时候就像心里被什么揪了一下，停顿了。"当时的社区儿童活动中心在两年里迅速发展，是珠江三角洲地区第一个流动儿童社区活动中心。孩子们在这里玩得很开心，社会反响非常好，许多人都来我们这里取经，政府也特别地支持我们，获得了不少荣誉。说实话，那时候有点飘。"崔丽霞说，"我在过往两年的工作里一直坚信我找到了一个有效、可行的解决流动儿童在城市生存和发展问题的方法：契合他们的生活需求，为他们提供服务和陪伴。但这种社区教育的方法还远不够解决一个孩子最基本的生存需求。"痛定思痛，重新定位，转型升级。崔丽霞从那时起开始检讨和反思原先的服务模式。"我们最开始的定位是'社区中心'，但实际上是'活动中心'。"那么，这两者有什么区别呢？"当你把它定位为一个活动中心，或是课程中心、资源中心时，大家就只是来这里搞搞活动、获得资源，那当大家离开这个中心的时候，中心的一切就跟大家的生活毫无关系了。"崔丽霞继续解释，"我们每天开门六到八个小时，孩子们到这里来的时间可能是一两个小时。比如说，我们在这里教他们紧急逃生的技巧，进行安全演练，但是当孩子被反锁在家里，如果没有人救他，那他就使不出任何学到的办法。因为他被反锁了，失去了做主的能力，很无奈。"崔丽霞开始意识到，要真正解决孩子的问题，首先且必须要解决环境的问题，没有一片良好的土壤，再好的种子也生不出花来。"只有整个生存环境是能够有效支持孩子健康成长的，才能真正解决他们融入城市的问题。"

　　带着过往成功的实践和这样的反思，崔丽霞和她的团队逐渐把社区中心由流动儿童社区教育组织转型为流动人口社区发展组织，把更多精力放在了社区改善，包括家庭层面的微观改善（家访、亲子沟通培训）、社区文化建设（社区艺术节、电影放映）、社群的组织和动员等，自此开启了长达十年的流动人口社区发展的探索。社区中心开展了许多兜底性的社区服务，通过分享交流会、异乡人过节等一系列活动增强社区凝聚力，把一个来自天南海北的基层打工者聚居区变成了具有公共性的基层打工者社区。

在火把社区举办的社区文化艺术节剪影

　　社区层面的工作，免不了要和孩子以外的大人们，尤其是和家长们打交道。崔丽霞虽然是个"孩子王"，但和家长的互动却很吃力，"2014年前，我们机构最老的我都没结婚，在家长眼里我们就是一群小毛孩。谈什么育儿，人家会觉得你在开玩笑"。而面对年轻人，家长们也更容易产生依赖感——"你安排就行，我来就好"，崔丽霞逐渐意识到，尽管机构在社区扎根多年，也提供了很多服务，但有些联结是他们难以建立的，有些事情是他们无法代劳的。"社区的工作，只能交给社区的人自己解决。"她开始物色能够真正融入社区的工作者。芳姐就是其中的一个。

芳姐是社区骨干中的佼佼者，她的丈夫在新桥村附近的工厂工作，两人工作繁忙，无法照料孩子，便将孩子送到了小金雁社区儿童活动中心进行课后托管，从此与小金雁结下不解之缘。一开始，她只是普通家长、社区的一员，后来在崔丽霞和其他工作人员的鼓励下，她渐渐成为社区骨干和小金雁的全职人员，为社区中心的发展做出了不少贡献。看见她在家长中"来去自如"，崔丽霞感叹道："芳姐来了之后，效率明显提高了。现在她身边围绕着几十个妈妈，只要她一呼唤，全都来了。"

推动志愿服务参与基层社区治理

"社区中心不是我们的，而是大家的。"秉持着这样理念的崔丽霞不断推进社区中心共建共治共享，让更多的人可以志愿参与其中，共同营造孩子们健康成长的环境。2017 年，基于知识产权保护及发展战略调整的需要，机构正式启用了商标名称"火把社区"。"因为'小金雁'这个名字已经不太适合社区发展的状态了，不只是帮助孩子，还有针对家长的工作。当时是先在社区里进行征集的，征集了大约 30 个名字，然后放到社区里投票。最后大概收到了 4000 多份投票，'火把社区'的呼声特别高。"崔丽霞说，"'火把'会让外来打工者们感觉到一股特别的温暖和能量。最终，我们选用了'火把'作为社区中心的名字。""火把"也意味着薪火相传，而崔丽霞和同事们也确实在逐渐向社区居民"交棒"。

2020 年，新冠肺炎疫情正是凶猛之时。作为基层社区服务组织，崔丽霞和工作团队迅速响应党和国家的号召及社区需求，积极参与到社区抗疫工作中去。崔丽霞与同事们积极发动社会资源捐助及联络海外采购等行动，为社区的 2700 多个打工者家庭送上了口罩和其他防护用品，帮助他们复工复产。同时，和社区基层的治理机构有效联动，充分利用社会组织和政府部门的优势互相补位，尽最大可能降低疫情对社区的影响。社区中许多的人也因为他们的行动而深受感召，纷纷响应，为社区无法复学的孩子们提供志愿服务，其间一共有 34 位社区妈妈为孩子们录制绘本故事，有 20 多家商铺承担了社区单独居家的孩子们的看护工作。"以前的情况是妈妈在家里照顾孩子，爸爸外出工作，但家里面的经济条件还是欠佳，就催生出外出打工的需求，那怎么办呢？她们就自发地形成一种互动小组，几个妈妈要去工作，就留下一个妈妈看管大家的孩子，收入就平摊一部分给这位照顾孩子的妈妈。后来我们看到了这种模式的好处，就大力提倡这种互助式的、搭把手的社区服务。"在崔丽霞和伙伴们的努力下，火把社区还发展了"大榕树"志愿站点，发动社区周边的商家留意社区里单独的、没有大人陪伴的孩子，共同守护孩子们的安全。尽管事情很小，但意义很大。"这些事情都很细微，但却让我们看到了坚守在社区，坚持做小事的价值。"

自 2010 年创立以来，火把社区至今已经为至少 9000 多名流动儿童提供高质量的社区服务，服务人次逾 290000 人次，动员高校及社会志愿者参与超过 8000 人，撬动并整合多家大型企业的资源，合作次数超过 500 次，其中和不少爱心企业及高等院校达成了长期的战略合作，共同促进流动儿童的社区照料服务。崔丽霞大学期间就读的学院就将教学基地挂在火把社区，所在地的村委、街道等也因为她和她的团队的工作，开始重视流动儿童的城市发展问题，并且专门成立以街道党工委书记牵头的流动儿童社区安全关注组，协同火把社区改善流动儿童在当地的生活环境。大量的社会资源整合及有效运用，让生活在城市社区的流动儿童拥有更多选择的机会，获得更高质量的社区照顾、教育及发展资源。

接待前来火把社区参访交流人士的崔丽霞（左一）

"当时重庆团市委邀请我们过去为他们一个农村社区中心的建立提供咨询和督导的服务。在考察了当地的情况后，我们提出了让留居在此的老人们去服务留守孩子的策略。因为山区里的年轻人都走了，只剩下老人家和孩子。我们就通过赋能爷爷奶奶，然后给孩子们开展一些自然科普的课程。"崔丽霞继续说，"后来收到的反馈，老人们其实不会正式地备课，但效果惊人。他们每次都会带孩子们上山去认识各种不同的植物，孩子们跟不同植物的叶子、花瓣等打交道，还会用他们进行拼贴画的手工创作，大家都乐在其中。"

火把社区以扎实有效的社区服务模式及不断推陈出新的卓有成效的流动儿童社区发展项目走在同领域的前列，并且产生持续的影响力，吸引全国各地基层政府及各类组织不断到火把社区交流学习。截至2020年6月，火把社区为来自全国各地127个政府组织的参访团体分享工作经验；为来自广西、重庆、浙江、吉林、北京等地7家伙伴机构的社区活动中心运营提供了技术支持，在全国各地成功孵化了数个社区儿童活动中心，并且保持长期的服务技术交流及支持；为超过 50 名的大学毕业生提供了为期半年的实习岗位，为流动儿童社区服务公益领域输送人才。"其中的大部分都已成为我们的同行。"崔丽霞笑着说。"火把"就是这样，一个人传给一个人，一代人传给一代人，温暖就在其中。崔丽霞凭依着火把社区照亮流动儿童融入城市之路，也照亮了自己的志愿人生。

"放下一些执念和想象，去开放地拥抱基层社区吧！"对当下有志于从事社区服务领域的青年人，崔丽霞认为要保持一种开放、理解、接纳的心态，放下期待，放下想象，脚踏实地。一手提着理想，一脚踏进现实，崔丽霞就是这样做的。这样，不只是社区志愿之路能走得长远，人生之路更会走得长远！

青年担当，就应如崔丽霞这样用实际行动所阐释的：以民族复兴为己任，把自己的事业和社会的发展需求结合起来，扎根基层，甘于平凡，甘于奉献，以饱满的姿态迎接每一个挑战。"未来，我也将继续作为行业中的一枚小小的齿轮，努力贡献着自己的力量。"

行走在社区一线的 "我们俩"
——广州市越秀区爱心志愿服务中心胡嘉蔚①的故事

2021 年 2 月 13 日，正值大年初二，90 后志愿者胡嘉蔚和她的四名同伴，拎着大袋小袋，来到了广州市越秀区的居民楼里。切菜声、烧火声、交谈声，此起彼伏，他们在做什么呢？不一会儿，一道道色泽光亮、香味可人的菜肴做好了。豆大的汗珠、欢心的笑容，混杂着蒸腾的热气，洋溢在"妈妈私房菜"的爱心厨房中。原来，这一天是他们为家住越秀区建设大马路社区的李爷爷和他的老伴陈奶奶送春节爱心餐的日子。

"饭菜很可口，谢谢你们！"李爷爷和陈奶奶齐声向胡嘉蔚一行人表达感谢。原先盛放着番茄炒蛋、蒸肉饼、豆角炒肉等美味菜肴的碗碟呈扇形摆开，里面早已空空如也。每道菜肴都是幸福的味道，每个人的脸上都洋溢着幸福的笑容。"谢谢，我还会继续做下去的！"胡嘉蔚笑着用以往重复过很多次的感言应答，寥寥数字，呈现的是志愿活动的内涵和魅力；字里行间，表露的是对志愿活动的热爱和感激。大餐虽结束，温情却长存。究竟是什么，让胡嘉蔚选择走上这条传递爱心、温暖大家的社区志愿道路呢？

---

① 胡嘉蔚，广州市越秀区爱心志愿服务中心总干事，志愿服务时数约 12000 小时，深入社区开展关爱长者志愿服务，曾获"广州好青年""越秀区十佳志愿者典型"等荣誉称号。

正在制作"妈妈私房菜"的胡嘉蔚（左二）

一幕之缘，缘结余生

　　2008 年，那场在南方大地的雪灾，让数以十万计归家心切的人在广州火车站滞留。积极响应号召从各地奔赴而来的志愿者们，让人间大爱在人潮涌动的站前广场中传播，一幕幕温暖在这寒冬中上演。还在上初中的胡嘉蔚第一次认识了"志愿者"。同年，北京成功举办夏季奥运会，"奥林匹克是运动员的盛会，也是志愿者的盛会"，志愿者开始走进千家万户。看着电视上的志愿者不畏艰辛、热情服务，以帮助他人为乐，以服务他人为荣，一颗"志愿服务"的种子在胡嘉蔚的心里生根发芽，年龄尚幼的她觉得这是一件很有意思的事，便思索着要去尝试一下。"我们要不也去做志愿者？"2008 年夏天，胡嘉蔚刚刚初中毕业，就与同学商量做一些"有意义的事"。她绘声绘色地向同学们讲述在电视上看到的志愿者事迹，并对身边的同学发出邀请。也许出于真心，也许出于好奇，但毫无疑问的是，胡嘉蔚和几名志同道合的小伙伴一起，正式开始踏上志愿服务的道路了。

"还记得第一次参加志愿服务，我们被安排到启智学校教特殊儿童操作计算机。自己也是十几岁的孩子，不知道怎样和他们沟通，很紧张。"因为胡嘉蔚对计算机特别感兴趣，她第一次做志愿便选择了借助计算机帮助患有自闭症的孩子们学习如何使用语言，但还在读初中的她，并没有丰富的经验，显然没这么容易和他们顺利交流。在领队的指导下，她把要教授的词汇一个个打在电脑上，并耐心地配以发音，帮助他们学习，但并未得到任何回应，场面变成了胡嘉蔚一人的"自娱自乐"，周围的空气凝结着尴尬。"谢谢姐姐！"一声轻微的道谢，在胡嘉蔚的心中荡漾开来。她的努力，并没有石沉大海。"原来，他一直在和我交流，只是不会表达而已。那时候感到很开心，有成就感。"这声反馈，肯定了她，证明了她，激励了她。"经过这第一次的志愿活动，我感受到了志愿活动的内涵与意义，我更加积极地想去参与志愿活动了。"后来，胡嘉蔚还陆续参加了启智学校校园艺术节等一系列志愿活动。

除了参加在启智学校的志愿活动外，胡嘉蔚还报名参加了儿童医院的志愿服务，陪伴白血病患儿进行一些简单的活动。即便到了学业繁重的高中阶段，她仍坚持利用每晚的放学时间去探访那些罹患白血病的孩子。"他们只是受到身体上的疾病影响，但还是像普通小孩子一样地活泼，疾病不成为他们获得快乐的阻碍。"为了给这些儿童带来欢乐，她努力学习"十八般武艺"。"像扭魔术气球，我们都花了时间去学习，每次都会为他们带来有新意的东西。"为了让这些患儿享受到和普通儿童同样的欢乐，她努力做出改变，用"一百八十度大转变"来形容都不为过。"女儿当时个性比较安静，不是特别爱跟人交流。参加了志愿服务后，她和他人、社会的互动增加，还学到了不少人际交往、语言沟通方面的技能。"母亲康金华对胡嘉蔚的转变大吃一惊，便想着去看看这么吸引女儿的志愿服务到底有什么魅力。因胡嘉蔚当时还参与了残疾人运动会的志愿服务，每天都起早贪黑。早上5点就出门，晚上7点才回家。她的母亲康金华更加好奇，"怎么比上学还早？"她的好奇心再也压抑不住，便向女儿提出了加入的请求。母女俩都是因为偶尔遇见志愿者热情的一幕，便决意要加入志愿者的行列之中，与"志愿者"结下了不解之缘。

康金华（居中）与志愿者给社区长者庆祝生日

母女同心，志愿同行

"'青年志愿者'好像没有这么老的阿姨吧？"在女儿胡嘉蔚和她的同学中，康金华显得格外特别。"那你应该不能来吧。"还不清楚志愿者其实没有年龄限定，只凭一颗热忱的心便可加入志愿服务的胡嘉蔚，用言语委婉地拒绝了母亲的加入。后来，直至看到一位年龄70多岁的阿姨竟然报名参加了活动，胡嘉蔚才知道原来志愿者是不限年龄的，就赶紧约上母亲一起参加。得知有机会参与志愿的康金华，便欣然报名了。因为她是护士，懂得许多护理知识，在探访患者时，便有了巨大的优势，她的加入让这支志愿小队开展探访活动更加顺利了。

"这个汤要这样煲才好喝。""喝这个汤对小孩子身体好喔！""关键不要让孩子着凉了。"凭借着丰富的生活经验和护理知识，和患儿的家长们迅速打成一片的康金华，让年轻的胡嘉蔚刮目相看。"原来妈妈是这么厉害!"自那以后,看见母亲优秀的交际能力和强烈的志愿热情,胡嘉蔚便开始想象以后和母亲一起做志愿是怎样的一种情景。而康金华也因为这一次的志愿服务效果很好,便开始"沉迷"于志愿服务。"看着她参加志愿服务一段时间后挺开心的,有了不少的变化,自己又感受到了做志愿服务的魅力,我也就想陪她一起去参加志愿服务。"

胡嘉蔚开始和她的母亲组团参与大大小小的志愿活动,如在 2010 年春运期间,她们俩都报名加入了广州青年志愿者协会启智服务总队微笑指南针分队,开展春运志愿服务。康金华每天都参加志愿服务超过 15 小时,而胡嘉蔚则在每天下班后前往广州火车东站为旅客提供乘车引导服务。"我们相互支持、相互学习,休息时间就一起分享和讨论当天服务时遇到的趣事或困难。"回忆起当时和母亲一起做志愿的情景,胡嘉蔚继续说道,"当时好像还有不少人看见我们俩相互支持而受激励来着。"俗语有言,"兄弟齐心,其利断金",现在则是"母女同心,其利断金"。"看着她们母女俩相互支持,再苦再累的志愿服务也会有乐趣,也鼓励到我们继续坚持下去。"一位当时参与活动的大学生志愿者曾在相关报道页面下这样留言道。

2011 年 12 月 24 日胡嘉蔚(后排左一)和康金华(后排右一)
一起参与社区长者茶话会

　　起初，有人问康金华："你们能坚持多久啊？""至少一年。"她毫不犹豫地回答。然而，康金华和她的女儿这一做，就坚持到 2022 年，整整 14 年。在 2011 年年底，热衷于志愿服务的康金华，干脆从原来的单位内退，自己专职运营起志愿团队，成为街坊口中亲切称呼的"华姐"。"成立了一个团队，就有了一个组织，大家就会更加放心地依赖我们，这对未来的发展也是有很大帮助的。"对于志愿服务，康金华想得更多、更远。在母亲为志愿服务的进一步发展而做出努力的同时，年轻的胡嘉蔚也在想着自己应该怎样更好地参与到志愿服务中。

2011 年重阳节长者探访活动，康金华（右二）带领小学生一起探访社区长者

　　"我们一开始进行志愿活动是依托 2009 年为迎接广州亚运会而建设的志愿驿站——西关小屋。"在 2010 年志愿驿站常态化开放后，驿站的主要功能便从亚运会宣传转变为开展包括道路指引、急救科普、禁毒宣传等日常志愿服务，但这也意味着需要人手全天值守驿站，以便随时开展活动和给予路人帮助，这对胡嘉蔚而言是一个考验。"那时候的志愿服务还很少，整天值守，会有点无聊。所以就尝试去探访帮助社区里的一

些孤寡老人，开展更多类型的服务，也希望能更好地发挥自己的才能。"胡嘉蔚说。在 2011 年 9 月 7 日，有爱心企业找上了这支新成立的队伍，希望与他们队伍合作做公益。在企业的合作和街道办事处的支持下，一场"情暖珠江——社区孤寡老人夜游珠江"活动开始了，这是队伍深入社区服务的首次尝试。对于这一活动，康金华仍记忆犹新，她说："因为临近中秋节，当时有爱心企业找到我们，说可以为居住在淘金的老人家们提供一个同游珠江的机会，而很多老人家是从没去过的。当我们告诉老人家有这个活动后，那天，很多老人家下午 3 点就洗好澡在家等着。这让我们感触很深——原来老人家是这么渴望得到温暖。"

长者的渴望，"我们俩"的期盼。胡嘉蔚和她母亲的志愿服务方向便逐渐转向了社区志愿，特别是针对老人开展相关的志愿服务。

走进社区，温暖人心

此后，成立了志愿队伍的康金华一边积极与街道对接资源，为社区里的长者做点事，一边努力发展，招纳志同道合的志愿者们，壮大队伍。当街道交给她一份 1000 多户的长者名单后，她就带着志愿者一家一户走访调研长者的生活，最终把聚焦点放在了"私房菜"这一暖心的主题上，便有了"妈妈私房菜"这一特色项目。后来，该项目得到广州市委的大力推广，各区的驿站都陆续开展类似的活动。除了每周定期做"妈妈私房菜"外，他们还会每周去探访老人们，为他们驱散孤独，送上温暖。"让他们不再孤单寂寞，而是有家的感觉。"

从 2011 年 10 月开始，每到周末，胡嘉蔚就带领志愿者们怀着火一般热情的心行走在爱心助人的路上。建设街是老年人密集居住的街道。建设街周围的居民看到穿着"红马甲"的志愿者们走进社区，都投来好奇的目光。但胡嘉蔚并没有感到不安，反而因为能够帮助居民而感到踏实。随后来到服务对象家中，爷爷奶奶们特别喜欢和志愿者们讲故事，讲他们年轻工作时的艰辛、当爸妈后的愉悦、含饴弄孙后的宽慰……"他们像是在给我们上课一样，关于人生，关于生命，关于生活，他们总有能聊的。"胡嘉蔚说。志愿者们通过与老人们拉家常、修剪指甲、打扫卫生，驱散了老人们的孤独感，让他们感受到了来自社会大家庭的浓浓暖意。每周志愿者还为社区独居长者送去"妈妈私房菜"的爱心餐，有时候是亲手包的饺子，有时候是煲好的靓汤，每次换着花样来。而且上门送饭的同时，志愿者还会陪老人们聊聊天，在特定节日里陪他们到公园散散步，让他们感受到社会大家庭的温暖。

康金华（左一）和志愿者一起探访长者

"每个人都会有老的时候，希望我们的一点举手之劳，能带给老人们一点温暖。"康金华就是秉持着这样的想法，积极地去为社区老人送去温暖的。对此，胡嘉蔚深以为然，也积极地参与到母亲康金华组织开展的志愿活动中去。尽管胡嘉蔚不是很会做菜，自己坦言是帮团队里会做饭的阿姨们"打下手"，但每到去看望长者的时候，她总会和母亲以及驿站其他的志愿者们一起到市场进行采购，购置做爱心大餐的食材，在探访中还会和老人们聊得火热。没有固定的菜谱，没有统一的厨房，志愿者们把长者当成自己的亲人，用心为他们做上一顿家常菜。社区独居孤寡长者的生活，因为这些志愿者的存在，而多了温暖和感动。"街道的长者饭堂一般会在固定时间和地点向长者发放餐食，而'妈妈私房菜'则是把这些餐食送到长者家中，让他们可以用最舒服、自然的方式享受到这份关心。"康金华说。送餐上门时，志愿者们还会陪长者聊聊天，听他们讲年轻时的故事。"时间长了，老人就把我们当家人看待。"胡嘉蔚说，之前经常探访的周伯伯，院子里种了一棵黄皮树，老人不舍得自己吃，都等着志愿者们来的时候才分给他们。在特定的节假日里，志愿者还会带着长者"下馆子"，或是陪同他们去公园、社区走走。如今，"妈妈私房菜"已经成为胡嘉蔚和母亲康金华志愿生涯中不可或缺的一部分。

为长者带去"妈妈私房菜"的胡嘉蔚（左一）和志愿者

建设大马路社区是一个居住着许多老年人的社区。他们中的许多人，生活条件较为艰难，而且还患有一定的基础疾病，需要定期探访。其中有一户人家——93岁的李爷爷和陈奶奶，让胡嘉蔚印象深刻。他们无儿无女，无依无靠，并且患有不同程度的慢性病，又年事已高，在生活中有诸多不便，胡嘉蔚和母亲便经常去探访他们，产生了很深的缘分。每隔一段时间，母女两人以及志愿者们会去探访他们，并为他们查看家中药品是否过期。又如大年初二的探访，除了同享春节爱心餐，还会带去油、盐、米等基础物资。"在2011年的时候，在知道了两位老人的情况后，我就定期来探望照顾他们。"胡嘉蔚继续说，"现在，两位老人都当我是他们的小孙女了。"对于成为两位老人家的"孙女",胡嘉蔚很是乐意。

"我们没有想过要给这些长者的生活带来多大的改变,关注点永远在我们够得着的地方,做好力所能及的事情就够了。"除了烹制营养午餐,胡嘉蔚还带领志愿者为长者的日常生活做了许多努力。陈奶奶在一次出去喝早茶的时候不幸遭遇了车祸,腿部受伤急需进行手术。听到这个噩耗的李爷爷一时间急得不知道怎么处理,想起了平日里常来探望他们的志愿者康金华和胡嘉蔚,便急忙给两人打电话求救。在知道这一紧急情况后,两人匆匆赶往医院,康金华立刻向医生了解病情,胡嘉蔚则陪伴着陈奶奶了解情况,并马上联系保险专业的志愿者协助长者处理后续事情。在两人的努力协助下,陈奶奶的手术问题最终得到了顺利的解决,李爷爷也安下心来。但手术成功后,陈奶奶落下了严重的脚疾,家里的蹲厕使用起来不再方便了。在评估其住处条件后,康金华和胡嘉蔚发现洗手间的蹲厕是长者日常起居生活的一大安全隐患。于是,在康金华的召集下,志愿者们为李爷爷和陈奶奶一家进行洗手间改造。"当时筹了几千块钱,帮他们把洗手间从蹲厕换成坐厕,把地砖换成防滑砖,并加装了辅助把手,彻底改造成无障碍洗手间。这确实是一个大工程!"胡嘉蔚作为改造计划的参与者之一,对此感触很深。"当时,陈奶奶一个劲地感谢我们,真叫我们不好意思,我们只不过是做了该做的事和做了能做的事而已。"

除了李爷爷和陈奶奶一家让胡嘉蔚母女两人印象深刻外,90多岁的独居老人罗婆婆也让她们印象深刻。罗婆婆在家里经常摔倒而无人知道,经常是洗着洗着澡就"啪嗒"地倒在地上,这是多么危险的情况啊。"那个时候是看她身上有些不对劲的伤痕,才知道了这回事。有一次我们去探访她的时候,敲了很久的门都没人应,问邻居又不知道。那个时候她已经晕了几个小时了!"想起这位婆婆的经历,胡嘉蔚倒吸了一口冷气,"后来是她自己爬起来,拐着拐着来开门的"。在得知存在这种严重的情况后,胡嘉蔚迅速开展相关工作。"当时就是劝她前往老人院,有专业护工照料,起码比独居在家里安全。"胡嘉蔚想方设法地破解罗婆婆对老人院的恐惧心理。"老人家都有一种观念,就是怕老人院没有想象中那么好，会有一种被圈养起来的感觉，但实际上不是这样的。我们通过和她解释其中的利害关系，并带她实地察看老人院，终于说服了她。"其实像罗婆婆这样独居但身体不便的老人家还有很多，除了安全隐患外，还有财产隐患——部分不法分子瞄中的就是这些独居老人。"那个时候，有一位老婆婆一个月3000多块钱的退休金就被上门推销保健品的人给全骗走了！"胡嘉蔚想起这件事的时候，十分激动。"仅通过推销一些眼药水就把老人家一个月的退休金给骗走了，还没有办法再追回来……"经过这次事件后，胡嘉蔚便组织志愿者大力开展社区的防诈知识宣传，后来还成功地阻止了一个诈骗事件发生。"幸亏我们工作做得早，诈骗分子想要冒充老人家的远房亲戚，老人家一下子就觉得不对劲，第一时间联系了我们，我们最后和警方一起努力，阻止了这一次诈骗的发生。"

2014年7月，康金华晋升为世贸大厦志愿驿站站长和越秀区爱心志愿服务中心理事长，而胡嘉蔚则成为越秀区爱心志愿服务中心的骨干成员。康金华带领着近千名志愿者，开展"妈妈私房菜""老人院探访""冬日暖阳，驿站送暖""志愿服务集市""美丽广州、美好家园""融爱计划"等多项品牌特色活动，不断推进志愿队伍向前向上发展。后来，胡嘉蔚接过了志愿队伍的大旗，统筹中心1000多名在册志愿者的日常志愿服务，为广州市民提供力所能及的帮助。

2019年，广州正式宣布全面推进垃圾分类工作，构建社区垃圾分类共建共治共享新格局被提上了日程。而打造一支品牌化的垃圾分类工作队伍，则是垃圾分类工作攻坚破难，精准化、专业化的重要一环。助力垃圾分类工作以来，胡嘉蔚通过参加广州市垃圾分类青年志愿服务集中培训会，带领志愿者共同学习垃圾分类的政策法规和有关垃圾分类的基础知识及具体指引。胡嘉蔚利用周末时间在志愿驿站开展垃圾分类志愿活动，吸引并培育了一大批垃圾分类宣讲员，并将其纳入基层宣讲队伍主力，在华乐街垃圾分类宣教馆轮流驻点讲解，不断为宣教馆注入新鲜活力。"前期的垃圾分类工作就是要不断地宣传、指导，让居民都能意识到分类的重要性和迫切性。但这样还不够，还要让他们从被动接受到行动自觉、主动参与，那创新垃圾分类的宣教模式就显得极为重要了。"胡嘉蔚说。目前，胡嘉蔚已经在宣讲模式的创新上进行了一些初步的探索。

2020年9月，为提高宣讲员宣传能力，胡嘉蔚组织垃圾分类宣讲员培训，培训以"基础知识讲解 + 志愿者分享心得 + 活动实践"模式进行。除了常规知识的授课，还邀请志愿者进行经验分享，并组织前往学校、社区进行现场宣讲，以提升宣讲员专业知识、实操水平和宣讲技巧。在胡嘉蔚和志愿者的宣讲下，垃圾分类意识深入人心，越来越多的居民主动参与到其中，城市变得更美丽了。

2020年，自新冠肺炎疫情暴发以来，母女俩也没怎么闲着，反而更加积极地组织志愿活动，大力支援社区的防疫服务，募集口罩、爱心义剪、健康知识宣传……胡嘉蔚努力地为疫情防控阻击战贡献属于自己的一份力量。之前结下深厚缘分的李爷爷和陈奶奶一家因过年后从老家返回，需要在广州进行两周隔离。解除隔离后的他们，像是"没见过世面"似的，发现广州处处都需要配戴口罩，而他们仅有着从老家一直戴回来的口罩，已经因佩戴时间过长而起毛了。情势十分严峻，情况十分紧急，康金华和胡嘉蔚在得知这个情况后，便努力募集口罩。"那个时候，正是疫情突袭的时候，口罩等一些基础防疫物品都还很稀缺，还要采取摇号抽签制以限购口罩。当时，大家手头上都没几个闲置的，而李爷爷他们用的还是老人机，连参与摇号抽签都做不到。"在胡嘉蔚发出募集信息后，许多志愿者义无反顾地把自己仅有的口罩捐赠给他们。最终，李爷爷和陈奶奶一家的"口罩危机"顺利解决了。"我们几个志愿者回到家，便寻找家里可以给他们的口罩，凑了一下，第二天一早便送去李爷爷家，李爷爷非常感动。"在这件事以后，胡嘉蔚便通过微信群号召大家把家里能节省下来的口罩，送给身边的长者，因为他们真的很需要这些防疫物资。除了带领志愿者上门给长期服务的孤寡、独居、困难长者派送口罩、消毒液等物资外，胡嘉蔚还组织理发师前往广州医科大学附属第二医院为一线医护人员及驰援湖北的白衣战士免费理发，在世贸大厦志愿驿站为城管、辅警、街道环卫、世贸大厦物管等一线防疫人员开展"爱心义剪"志愿活动，并多次带领理发师前往社区长者、残障人士家中，累计为60多名服务对象进行爱心义剪；同时把戴口罩、勤洗手、常清洁、多运动、不串门、不扎堆、不聚餐等防疫知识向长者们宣传，叮嘱大家做好自身防疫保护措施。

开展"爱心义剪"志愿活动的胡嘉蔚（后排右一）和康金华（前排左二）

　　正是因为募集口罩的号召，胡嘉蔚与其丈夫刘开心因此而结缘，并最终结成伉俪。当时，胡嘉蔚通过微信朋友圈号召身边人把自己富余的口罩送给有需要的长者，当时恰巧刘开心的朋友转发分享了胡嘉蔚的爱心需求，让正在家里刷朋友圈的刘开心留意到这个爱心行动，他看了看旁边仅剩的一包口罩，还不确定能不能帮上社区里的长者，便立刻电话联系了胡嘉蔚，向其确认是否能进行捐赠。就这样，两个素未谋面的陌生人因为拥有同样的爱心而有了交集点，因为志愿有了第一次的相遇。活动结束后，两人慢慢熟络起来。后来，胡嘉蔚了解到刘开心对志愿服务很感兴趣，便引导他注册成为志愿者，参加志愿服务活动便成了两人的共同爱好，只要有空，胡嘉蔚就会叫上刘开心一起报名参与，一来二往中，两人便确立了情侣关系。探访长者、参与协助全员核酸检测……这些看起来很平常的志愿服务活动，成了两人的"约会"内容。"嘉蔚是个想法很多的90后烹饪小白，我是个热心公益的80后烹饪高手，我们都认为志愿活动值得参与，参加志愿活动自然而然成为两人的共同爱好，只要有活动，嘉蔚就会叫上我一起参与。通过这些看起来很平常的志愿服务活动，增进对彼此的了解。"婚后，两人依然热衷于做公益，经常参与敬老、防疫等志愿服务。除了母女组合的"我们俩"，现在还有夫妻组合的"我们俩"。

胡嘉蔚和母亲康金华、丈夫刘开心的"志愿家庭"合照

传递爱心，助人前行

一人志愿，全家服务，一人结缘，全家投缘。胡嘉蔚一家与志愿服务结下了深厚的情缘：母亲因女儿做志愿服务，而接触志愿服务，成为志愿者，并尝到了志愿服务的"甜头"；丈夫也因妻子做志愿服务，而了解志愿服务，注册成为志愿者。两个"我们俩"，是志愿服务魅力的生动写照。

"人们常说'施比受更为有福'，在参与这么多年的志愿服务以来，我才深刻地明白这句话的含义。在我还没接触志愿服务时，都一直以为当志愿者就一定要做大事。可现在我才发现，原来大事情就是把我们身边的小事情做好。作为一名志愿者，我们虽然平凡，但却不平庸——因为我们有梦想，我们有快乐，我们有追求。在参与志愿服务的过程中，我体验到了人生百态，也增长了不少人生阅历。懵懂的我，因为志愿服务而变得成熟。因此，在帮助他人同时，我也在鞭策着自己，努力地去做到更好。因为还有许多人，需要我们的关爱和帮助。再多的话，有时也是一瞬间的智慧和激情，行动才是最重要的。我会继续追寻着那一份志愿者的梦想与快乐，带动周围的朋友参与到志愿服务中去。"

对于想要参与到社区志愿服务领域的年轻人，胡嘉蔚说："在自己有能力帮助他人的同时，就多去帮助别人！你去帮助人，内心得到的快乐远要比得到恩惠的快乐大得多。"2023 年，是胡嘉蔚做志愿者的第 15 个年头。参与志愿服务至今，胡嘉蔚累计志愿服务时长达 12000 小时，并相继获得广州"横渡珠江"优秀志愿者、2019 年"广州好青年"、2020年"越秀区十佳志愿者典型"等荣誉称号。孝老爱亲，热心公益，相信她会秉持着"做好人，做善事"的家训，继续建设志愿团队，在社区志愿服务的路上步履坚定，行稳致远。

让志愿服务从社区开始扎根

——广州青年余文威①探索乡村服务的故事

他从小有一个梦想，就是把社区建设成为最美好的一方乐土，现在他为这个梦不断奉献着，十年如一日地参与志愿服务，用行动弘扬时代新风尚。这 12 年来，他从关注留守青少年的学习需求到回归美丽乡村的环境保护，从志愿驿站值守到疫情防控坚守，遇障开山、遇水搭桥，他在生活中用爱对待每一个人，他开拓进取、永不言弃的精神，鼓舞着广大青年志愿者崇德向善，他就是从化区青年志愿者协会副秘书长、广州市最美志愿者、广州好人——余文威。

1983 年，他出生在广州从化，2010 年，他开启了志愿者生涯。多年来，他为社区无私奉献青春汗水，打造了优秀读书郎、河青水秀巡河护河等多个志愿服务项目，组织青年志愿者参与到疫情防控志愿服务，筑牢疫情防线，在 i 志愿系统登记志愿服务时长超过 8000 小时。他也是连续两年的新冠肺炎疫情中的战疫先锋志愿者，忘我挺身而出，在抗击疫情最初期就开始带领青年志愿者参与疫情防控志愿服务，用实际行动展现出青年一代的责任与担当。关于他的志愿故事，要从 12 年前参与广州志愿驿站服务开始讲起。

---

① 余文威，广州市从化区青年志愿者协会副秘书长，志愿服务时数约 8200 小时，十年如一日地参与志愿服务，从志愿驿站值守到疫情防控坚守，遇障开山、遇水搭桥。曾获"广东最美河湖卫士""广州好人""广州市最美志愿者"等荣誉称号。

以志愿驿站为家，连续服务群众十二载

2011年，他与从化区新世纪广场志愿驿站结下志愿之缘，在站点运营期间尽职尽责、兢兢业业，没过多久便以站长参与驿站管理工作。五年后，他再一次挑起重任，担任起从化汽车站志愿驿站站长，2019年位于广州地铁14号线从化客运站A出口旁的从化地铁广场志愿驿站开通，他又一次担任站长。在他的带领下，他们团队承担了全市77间志愿驿站中的3间，在抗击新冠肺炎疫情、创文创卫等工作中发挥了重要作用。

他以这三个志愿驿站为家，带领青年志愿者开展垃圾分类智趣大课堂、中华美食制作、舞蹈教学、构建足球梦、歌唱祖国等各种各样有趣的志愿服务，他搭建起来的"生活大发现"项目平台，为志愿者们提供了施展才华和实践梦想的舞台，也为社区十多万群众提供挖掘生活智慧和发现生活美学的新时代文明实践平台。通过多年运营，他和他的团队早已为驿站争取到广州志愿驿站"示范站""星级站""最美志愿驿站"等多项荣誉。

在余文威担任站长带领三个驿站期间，他年复一年地对接着从化9所高校、技校、职校的社团组织，也一直用心用情地维系着在驿站服务的学生们，虽然他比学生们年长不了多少，但他丰富的经验和肩上扛的责任，大家都会叫他一声"威哥"。即便各所学校社团负责人换了一届又一届，而他却像摆渡人一样，指引着各所学校的青年志愿服务组织迎新、换届、表彰，有条不紊地组织调度各所学校的学生们参与志愿驿站的日常服务，许多学生经过他的帮助和提拔，也从一名新人成长为独当一面的志愿者骨干。

为了培养志愿者的思考和动手能力，他会把一些创意构思假装无意中提出来，让大家在不知不觉中得到锻炼与成长。记得有一次社区探访结束后，在分享时他说道："我觉得我们现在为社区做的事情还不够创新，我们能不能尝试一些让市民可以深度参与又有趣的志愿活动。"一位来自华农珠江学院的学生说："威哥会鼓励大家抱着开放的心态进行策划，让我们找一些容易与居民群众产生共鸣的点，譬如舞蹈、唱歌。"但当时动员市民参与到驿站的活动比较难，而且舞蹈、唱歌都需要有专业的志愿者来开展，驿站既没有歌手，也找不到合适人选来跳舞，对于团队面临的问题，他并没有退缩，而是第一时间四处打电话沟通联系，最终找到曾经在驿站服务过并有相关特长的志愿者来协助开展。在团队组织下，"乐趣小智慧，生活大发现"志愿服务项目在从化区各志愿驿站连续开展了十三场，这场"幸福三重奏"表演让社区居民用心感受到生活的幸福，志愿者们通过音乐、舞蹈将居民邀请进来，在志愿者与居民互动过程中，大家共同随着音乐节奏，快乐而幸福地沉浸在舞蹈中，不经意间形成了这场从化志愿驿站的欢乐文化盛宴。余文威说："让我们大家都学会用新时代文明实践志愿服务传递幸福感，用智慧发现生活美学。"他想以志愿服务撬动更多资源服务市民，共创文明社区，最终他成功了。

有趣的项目又一次发起，他某一天与志愿者说："大家要不尝试举办一场好吃又好玩的活动，邀请市民在体验过程中了解从化本地人文特色"，志愿者听后表示："我们可以做些半成品小吃，拿来教市民怎么做，再准备一些成品，那就可以满足好玩又好吃的要求了。"随即团队马上推进各项工作。

"咦！这是哪儿传来的又香又甜的味道？"市民黄小姐带着吃货的疑问从车站出口转角处寻找到了志愿驿站。"请过来这里，这边有做好的美味糯米糍请你尝试。如果你有时间，我们还能给你传授这种原创粤菜料理的制作方法。"志愿者正招揽着来往的旅客。

他还结合从化良口第九届高山番薯美食节开展宣传推广志愿服务，他发现从化良口的紫心番薯又香又甜，可以挖掘粤菜特色创作"紫薯椰蓉糯米糍"，在志愿驿站现场指导居民制作，传承本土文化，构建一幅幅温馨画面。

2020年9月正值创文，他认为推广文明实践新风尚很有必要，于是发起了"拒绝餐饮浪费"的倡议，利用志愿服务紧密联系群众的优势，通过在各个驿站以"行走中的文明使者"方式向居民派发宣传单张，并用乐器表演的方式进行宣讲传唱，以此让居民认识到珍惜粮食的重要性。

志愿者们纷纷表示自己在向市民宣传"光盘行动"过程中，自身学习收获到许多。

当每次志愿服务结束，志愿者散去后，才是余文威真正开始工作的时候。他日复一日地做着大量复杂、烦琐的宣传整理、团队管理等幕后工作，他会将志愿者拍摄到的照片，悉数按日期收集归类，还要撰写通讯稿，与负责新媒体的志愿者沟通编辑推文，以便及时将所有志愿者的风貌展示出来，每一篇驿站通讯稿背后，都可以看到通讯员署名——余文威。

然而他的工作不止于此，作为文学爱好者的他联合团队成员，创作了一首从化青年志愿者歌曲《盛开的心花》，安排团队成员演唱录制，将各种活动现场的视频、照片制作成 MV，这种充满青春活力的新媒体内容被许多居民、志愿者转发，还获得文明广州和广州从化发布的关注报道。

青年志愿服务助"荔"从化乡村振兴

广州志愿驿站作为青年参与社区志愿服务的平台，余文威带领着团队成员积极为家乡农产品助"荔"打 call。早年的一些经历，让他知道果农种植的艰辛与不易，更清楚认识到社交传播对从化荔枝销量的重要性，他多次以"从化荔枝"为名写文章宣传推广家乡特产，他也以志愿服务的形式来落实这一想法。通过组织青年志愿者们参与"活力青协·助荔从化——青年志愿者为从化荔枝打 call"志愿服务项目，让广大志愿者从中了解荔枝品类、种植和采摘的知识，通过"卖荔枝"粤剧、荔枝广绣等深入挖掘从化荔枝与岭南文化的关系，拓宽志愿者自身知识面。同时帮助果园完成日常果品维护工作，提高动手能力。还可以向前来观光购物的游客讲解荔枝文化与青年志愿服务助"荔"从化乡村振兴项目介绍，帮助宣传推广从化荔枝产业。

在项目实施过程中，众多青年志愿者巧用生动有趣的语言进行讲解，帮助旅客直白理解并对从化荔枝感兴趣，该项目已累计服务约 1200 个小时。以志愿服务形式助推从化本土荔枝品牌形成，为全面实施乡村振兴战略，打造好从化荔枝产业牌、市场牌、科技牌和文化牌，奉献青年志愿者力量。在余文威团队全力以赴推动下，青年志愿服务助"荔"从化乡村振兴行动受到众多媒体报道关注。在超 13 万人观看的"湾区青年说"从化青年参与乡村振兴专场直播活动中，还专门邀请余文威作为青年志愿者代表，在线分享了用志愿服务理念和方式做好乡村振兴的经历，他说："让来自五湖四海的青年志愿者深入了解从化荔枝，让他们成为推广从化荔枝文化的主角，助'荔'从化就可以覆盖到更广阔的群体，发挥更大的社会影响了。"

在第 30 届"新时代、新格局、新发展"广州博览会上，各地参展商齐聚羊城，展会上也有多家来自从化本地的农企展出特色农产品。青年志愿者们在农企华隆果菜保鲜和荔博园的摊位上，向络绎不绝的游客们推广琳琅满目的从化特色农产品，包括低糖荔枝饮品、桂味荔枝干、糯米糍荔枝干、龙眼干、黑蒜干、甘草黄皮等，吸引了不少商会和嘉宾前来购买。余文威认为："以志愿服务助力乡村振兴，让从化的优质特色农产品和从化荔枝品牌走出家门、走向世界，让更多人了解从化文化，这对于青年志愿者来说是最大的意义。"

在助推从化荔枝的同时，每年夏天，他都会积极鼓励引导青年大学生参加"返家乡"和"三下乡"志愿服务，唱响乡村振兴的青春之歌。2022 年，多所高校志愿者联系余文威，希望合作开展"三下乡"志愿服务，经过评估，他很快发现一些社团志愿者欠缺项目经验，制作出来的项目方案理论性与实践性不足，经过数个夜晚通宵沟通与指导，在他的帮助下，学生们开展的项目也更加完善、全面。来自广卫学院的志愿者说："幸好有你亲自指导我们，还让我们的项目得到了村民组织、媒体报道，做出了不错的效果，我们非常感激你。"

这个假期，在他的高效组织下，志愿者们到鳌头镇横坑村西山社探访慰问百岁老人，开展健康义诊，普及口腔爱护知识；去从化图书馆探寻红色之旅，深入学习了从化红色革命的历程；在从化荔博园开展了助"荔"从化的乡村振兴活动，在实践中长才干、做贡献；通过移动喇叭、宣传单张、志愿者绘画海报等多种方式在大街小巷里开展禁毒宣传，开展了许多特色各异的志愿服务。

余文威组织开展"平安从化志愿行，青柠进校助关爱——
禁毒、防艾、防网贷"系列巡回宣传活动

　　他还带领团队成员在从化良口镇生态设计小镇"鸭洞河"开展"民间河长"巡河护河志愿服务活动，在活动过程中，青年志愿者认真地对巡河流段进行观察记录，并随手拾起河边的垃圾，构建美丽鸭洞河，积极向周边市民宣传防溺水的安全知识。正是他带领着成百上千个志愿者日日做实事，一起用脚步丈量祖国大地，用眼睛发现中国精神，让千家万户平安灯常亮。

新时代文明实践

　　他是青少年成长导航服务总队的队长，以从化区青年志愿者协会为平台，呼吁文学爱好者和社会爱心人士与高校学生结对帮扶山区残障人士和老人。在他的坚持与影响下，越来越多企业、社工机构和社会爱心人士陆续注意到从化区鳌头镇西山村的特殊群体，并给予慰问和关爱。

最近，在他组织的百岁老人探访专场志愿活动中，一名村委工作人员对余文威的付出表示肯定："他是这条西山村的孙家女婿，我亲眼见证了他坚持五年来对这条村的连续慰问探访，他从一开始的一户人、一个社再到一整条村，如今超过 60 多户残疾特困老人的家庭得到帮助与关爱。他对困难群体的关爱，对巡河护河和义教志愿服务的努力，为这条村的村容村貌、人文建设、慈善公益文化所做出的贡献与影响，大家都有目共睹。如今村民都认识了他，而他早已不只是孙家女婿，也是我们西山村的女婿。"

原来，余文威与他岳父一家早年在从化鳌头镇西山村有过一段志愿故事，自小智力障碍和年幼丧父的阿锦，与他母亲李婆婆一家也是西山村村民，同住在一条小村庄，他们家的事也早已被村民们关注，也常得到余文威一家的帮助。55 岁的阿锦终日拾荒养母，与李婆婆母子俩相依为命，家庭虽然贫穷，但他们仍然忠厚善良，始终靠自己双手自食其力。99 岁的李婆婆则是这一带人皆知晓最长寿的长者，只是因为儿子的"傻"，让老人闷闷不乐，胸口大石始终无法放下。

很久以前，邻近的拾荒者总是欺负阿锦老实、不懂得保护自己，经常强抢他从早到晚辛苦拾来的废品。有一次阿锦被打得头破血流，独自一人躲在离家偏远的破庙里，暗自悲伤、哭泣。母亲李婆婆彻夜未眠，守候了一整夜都未见儿子回家。当天早上年迈的母亲杵着拐杖走了很多里路，最终才在破庙里把阿锦找到。当老母亲找到阿锦那一刻，马上放下手中的拐杖和阿锦相拥而泣。从那以后，阿锦的腰间就被母亲缠多了一把锋利的柴刀，不是拿来伤人，而是专门用来保护母亲和保护自己唯一的生计。

阿锦两次走失，第一次母亲找到了，但第二次靠众人努力近一个月才找到。阿锦第二次走失是在 2016 年 10 月上旬，一个专拉垃圾的黑心老板连哄带骗地将阿锦拉去装垃圾，并答应阿锦给他工钱。阿锦因善良、又缺乏辨别能力，误信了就坐上那辆黑车，被直接带去清远佛冈的一处垃圾回收工场做工。阿锦在那里待了好些时日，刚开始的时候黑心老板不给他工钱，后来变本加厉。村民说黑心老板即使白天发些零钱，到夜里等阿锦睡觉了，却偷偷从他的裤兜里、怀里、枕头里把钱拿走，每天如此来回骗他，还不允许他回家。后来阿锦一个人逃了出来，但是一直迷失在龙潭的山谷、公路、乡村间和沙场之间，来回兜路找不到回家的方向。

自从阿锦失踪后，西山村的村委、村民和余文威等，通过自己的朋友圈、微信群、微博、张贴寻人海报等各种方式，大家一起接力发出寻人启事。余文威还发动起了全城的力量帮阿婆寻人，寻人信息得到越来越多人转发，许多热心乡亲得知情况后，都积极地加入到寻人队伍中进行接力。从山间农地到大小镇街，通过广大青年志愿者的发动，市民们自发地寻找着，阿锦的每个消息都牵动无数从化人的心。由于多日来苦寻无果，在特别严寒那几天，志愿者们已经做了最坏的打算，商量着怎么用最好的方式告诉年迈的李婆婆，但看到李婆婆寝食难安、伤心度日，谁又忍心告诉她实情呢！

后来，余文威他们始终不放弃进行寻找，就这样历时了一个月的接力，最终一位清远龙潭的爱心市民在一处采砂场发现了阿锦的身影，并立即通知了住在周边的志愿者。经过多次交涉和努力，最终阿锦平安无事地回到家中，与李婆婆再一次团聚在一起。余文威至今还记得当时李婆婆母子二人重逢，抱头大哭的场面，感人肺腑。

余文威（右四）等与阿锦、李婆婆一家合照

余文威这和善甜蜜的一家，跟李婆婆母子俩有着这段深刻的过往联系。如今，余文威带领从化区青年志愿者协会团队，组织民间爱心接力，搭起常态化探访关爱的桥梁。在西山村委带领下，他和志愿者们定期都会来到阿锦家探望慰问，年迈的李婆婆身体健康、心清眼明，行动还算方便，不过老人家的身体机能比起从前还是差了很多。李婆婆双眼朝向阿锦望去，一切尽在不言中，却早已把母子深情表露无遗，但阿锦却存在智力残疾情况，这是李婆婆不能放下的心头大石。

余文威和志愿者们与李婆婆多番谈心，余文威不仅出钱出力，还链接社会资源为阿锦一家送上各类生活必需品。大家对李婆婆一家的帮助会是持续、定期和全面的，后来除了余文威，来探望李婆婆一家的热心人士也越来越多。"只要人人都献出一点爱，世界将变成美好的人间"，这句歌词也早已变成现实。

用"文化课堂"引领新时代文明实践

余文威作为本土文学爱好者，经常联动区文联和区作家协会，开展文化入社区活动。以文学来推动社区文明实践，包括"乡村振兴·书香伴同行——从化书香校园优秀读书郎"特色小镇品牌建设工作。他组织志愿者与文艺工作者下社区、入乡村开展采风研学活动，打造志愿服务成为美丽小镇建设的文化标签。在五年间，他与区作协组织策划了专家级作家与学生们开讲座授课、小组手工坊、手抄报制作等各类第二课堂活动，丰富多彩的课余活动已走进从化6所中学、7个特色小镇，用书籍架设心灵桥梁，让深度阅读成为青少年成长成才的源泉，让阅读成为校园文化的一个重要组成部分，也成为特色小镇志愿服务活动中的新名片。共同搭建和帮助同在广州屋檐下的从化农村学校孩子们，持续深入搭建阅读成长平台，提升青少年阅读品质，培养他们对知识的浓厚兴趣，让更多乡村孩子们感受广阔美好的世界，发现出色的自我，放飞乡村小作家的绚丽梦想。

余文威（右八）组织开展"从化书香校园优秀读书郎"走进西和万花风情小镇志愿服务

2018 年开始，他带领团队采用全新模式，引导从化高校学生走进各个特色小镇，每一期志愿服务由一家学校的青年志愿者团队独立负责，给学生成长成才机会，让大学生青年志愿者认识从化、讲好从化小镇故事，把美丽从化故事写下来、说出去，最终为各个小镇留下了 43 篇美丽乡村故事。余文威表示，开展这样的活动加强了自身对整体的统筹能力，写作加强素养，还将从化的美丽乡村及淳朴文化带出去。

创新模式探索流溪河，推动民间河长落地从化

他是广州从化民间河长项目"河青水秀"的志愿服务队队长，2020 年民间河长志愿服务项目在他的带领下在从化正式启航，并被媒体美誉为不惧高温"烤"验的最美坚守者。在他和团队志愿者的共同努力建设下，打开了从化民间河长志愿服务的一片新天地。"我是流溪河忠实守护者，我们愿意为守护家乡和河流贡献出自己的力量，守护好生活在从化

60 多万人口的水资源生命线，助推河长制度、共建生态文明，赋能青年志愿者引导市民参与，逐步实现'河畅、水清、岸绿、景美'的愿景。愿为从化的美好而成就这支队伍。"在授旗仪式上，他接过从化区青年志愿者协会"河青水秀"志愿服务队旗帜时是这么想的。

从 2020 年 6 月开始，短短 4 个月时间，这个团队人数由最初 16 人发展到近百人。他通过高频举行巡河护城行动，积极动员志愿者引导公众参与水污染治理项目、"民间河长"落实治水项目。志愿者在巡河过程中陆续发现了不少河道问题，他们向区河长办积极反馈提出优化建议，相关活动多次登上"学习强国"等平台，打开了从化民间河长志愿服务的一片新天地。他说："每一次带领河小青巡河，都是在一次次勾勒流溪河的纯美线条，行走纵横贯穿迎宾桥、流溪映月、情人桥和流溪河大桥的水岸线，通过细致观察、记录、分析和反馈，会发现河道中好的变化与问题缺陷，这都有助于我们共同督促改进河道生态环境，让贯穿这些桥梁的流溪河重绘上蓝天白云的色彩。"

"民间河长"是河流守护卫士，他们用眼睛和相机记录下污浊和改变，他们愿意为守护家乡和河流贡献出自己的力量，守护好生活在从化 60 多万人口的水资源生命线，助推河长制度、共建生态文明，赋能志愿者引导市民参与，逐步实现"河畅、水清、岸绿、景美"的愿景。从 6 月开始，他就有意识地在现有骨干中挖掘新生力量，希望能尽快找到坚毅信念、尽职履责的志愿者参与项目发展。在从化区青年志愿者协会牵头下，带动区内各大高校团委、企业团委、志愿驿站及社区志愿者开展线下基础知识学习、实地走巡、线上答疑等方式，让志愿者掌握巡河基础知识及日常记录、存档，熟练使用"共筑清水梦"小程序并及时地反馈河流污染和危害河流安全问题。

在他的带领下，一方面，从化区青协"河青水秀"巡河护河志愿服务开展常态化专项行动，以环境保护或水资源保护等相关重要时间节点为活动契机，通过巡河＋摊位、游戏、比赛等丰富多样的形式开展宣传活动。另一方面，通过"志愿者＋"的工作模式，常态化开展巡河护河活动，项目注重发现问题、记录问题、上报问题、跟进问题处理情况，通力合作，形成合力，把巡河志愿服务中发现的问题切实解决好，把助力河长制工作落到实处。通过每月 2～4 次常态化巡河护河志愿服务系列活动，及时发现问题并上报问题。从化区流溪河街口段，以前没有护栏和救援设施，河长牌、各类警示牌生锈也没能更换，杂草、垃圾多，堤岸种植比较多，经常在河里看见共享单车，一些河道上也有油污油渍。近年来，这些问题在从化区青年志愿者协会的努力下都一一获得处理，实现了真正的河青水秀。

巡河护河志愿服务项目还获得 2021 年第十届志愿服务广州交流会青年志愿服务专项行动精品项目大赛三等奖。现在，他也正在带领团队主编推出广州市从化区第一本"民间河长"从化河青水秀巡河护河技能培训材料，他想以此做好民间河长志愿服务的传承。争取建立"河青"对话河长机制，积极向各级河长及相关部门汇报，与各级河长制办公室建立紧密联系，加强江河湖库污染、侵占河道、围垦湖泊、超标排污、破坏植被等违法违规行为的信息收集和有序反馈。

如今，每个人既是生态环境的受益者，也应该努力成为生态环境的保护者，没有哪个人能够置身事外。只有让守护绿水青山成为习惯，让从化区青协"河青水秀"志愿服务队的旗帜永远飘扬，将环保意识转化为每个人的自觉行动，天蓝、地绿、水清的美丽广州从化画卷才会在我们的努力下铺展开来。

青春有热血，战疫显担当

2020 年，为坚决遏制新冠疫情扩散，夺取防控斗争胜利贡献力量，余文威成为奋战在社区一线抗击疫情的战疫志愿者，他用实际行动诠释担当，带领志愿者众志成城、齐心协力投身疫情防控工作，用爱与热情传递给被疫情阴霾笼罩的每个人，以志愿初心共同构筑起群防群治的严密防线。

1 月 20 日至 23 日，他亲自组建成立从化区第一支战疫先锋志愿服务队，率领青年志愿者团队迅速奔赴尚在封控中的汽车站、公交站和多个社区，落实疫情防控要求。他表示"我始终认为与从化青年志愿者一起投身防疫最前期工作，做好重点防控，是最正确的决定"。他还曾带领青年志愿者深入旺城社区逐梯逐户上门排查，在他的带动下，越来越多从化青年加入青年战疫志愿者队伍。

余文威在从化汽车站开展健康排查志愿服务

2021 年新冠肺炎再次来袭，曾是"山竹"世纪大台风的抗灾先锋志愿者的他，再一次投入社区战疫，他说："此刻我迫切地明白在灾难面前必须发挥青年带头作用，在疫情中我必须第一时间站出来组建全面布防做好抗击疫情工作，让社会尽快得到恢复，因为那是我们的使命。"

2022 年 2 月，他根据区防疫工作要求，承担从化地铁广场志愿驿站的疫情防控工作，和团队成员连续 3 个月时间里，持续参与到驿站广场、美时家居广场的全员核酸检测志愿服务工作当中。此后，在常态化防疫工作中，他也和大家积极参与全员核酸检测、疫苗接种等疫情防控志愿服务。4 月，他在城郊街"0403"工作专班中，在封控区、管控区、防范区日夜奋战，在战疫情、防风险、护稳定等工作中，无私奉献、敢于担当。他带领青年志愿者每天分三个班次，一起深入管控区外围协助街道做好生活物资信息登记运送、核酸检验点秩序维护等，累计出动 79 人次。除了白天，余文威还主动承担了每天的晚间班次，担当"守夜人"。

他想让这里的居民在每个夜晚里都能感受到青年志愿者温暖的人文关怀，直到顺利摘星，从"守夜人"到"摘星人"，他充分发挥了先锋模范作用，用实际行动展现志愿服务奉献精神的从化青年风采。

传承好家风讲好从化风淳故事

他的大伯余光权是县志和市志等重要史书的主编，他的母亲邓燕子是40年如一日沉淀在一线工作的人民教师，而他的父亲余福源则在家乡梅州常组织邻里乡亲捐资修路筑桥，他的小叔孙永坚也经常去探访孤独老人，他继承了这种"蜡烛"精神，弘扬好家风，奉献在幕后。如今余伟文和他两兄弟出版了《流溪文学》和《新村路》等传承中华文学类的书籍。这两兄弟中，一位从事文学写作、一位从事志愿服务，用他们一家几代人的时光为广州从化续写新时代之梦。

近年来，他一直践行着新时代文明实践，为从化深化文明城市和乡村振兴的志愿服务撰写了780多篇通讯稿件，共计超过60万字，让志愿服务成为一个个街知巷闻的动人故事，维系了从化这座城市的温度。他获得《广州日报》社颁发的"优秀通讯员"称号，在志愿服务领域中的他创作了《甜蜜的家与阿锦》《我们相聚盛夏的回忆》《无可替代的诗歌》《流恋蓝天》等优秀文学及摄影作品，为从化青年志愿者制作歌曲《盛开的心花》。

他常带着他孩儿余承哲参加山区探访、爱心义卖、贺国庆和志愿驿站等志愿服务，培育他成为有爱心和富有同情心的人，大家都称赞他是个好孩子。2022年3月，他荣登"广州榜样"榜单的"广州好人""广州市优秀慈善家庭"，并荣获2021年度广州市学雷锋志愿服务先进典型名单"最美志愿者"称号。如今他公益服务的事迹已陆续获得"学习强国"、中华网、中国共青团、《中国青年报》、广州文明网、《广州日报》等平台的刊登报道。不忘初心的他着力于新时代文明实践，正是他坚持不懈的努力与真情奉献，让爱与力量维系着城市的温度。

梦圆湾区的青春"雨燕"

——深圳公益人张莹莹[①]的故事

　　世界上有一种鸟，翼长而腿脚弱小，一生飞行数百万公里却从不落地，它们是鸟界中的长途飞行冠军，经常冒雨在空中觅食，飞累了就在风里睡觉，一生只落地一次，那便是雨燕。

张莹莹和关爱对象一起过六一儿童节

---

　　① 张莹莹，深圳市雨燕残疾人关爱事业发展中心主任，张莹莹志愿服务队队长，持续深耕助残志愿服务体系建设，先后荣获"全国道德模范""全国自强模范""中国青年五四奖章""全国三八红旗手标兵""全国三八红旗手""中国好人榜"等荣誉称号。

在粤港澳大湾区也有一只勇敢的"深圳雨燕"：她作为公益界的领头燕，不仅自己飞得高，还带着许许多多的小雨燕们飞得更远。她就是深圳市雨燕残疾人关爱事业发展中心党支部书记、龙华区公共文明促进会会长张莹莹。许多人未必知道"张莹莹"这个名字，但她不向命运屈服、自强不息的精神，改变自身人生轨迹的故事，影响和改变众多残障群体。这种积极向上拼搏的"雨燕"精神，已被越来越多的群众所熟悉。

　　张莹莹1989年出生于黑龙江省双鸭山市，3岁多一场高烧，她被诊断为脊髓灰质炎，也就是俗称的小儿麻痹症。起初病情凶猛，她脖子以下部位全部失去知觉，爸妈背着她四处求医，却一次次收到病危通知书。"我现在还记得妈妈帮我打针的样子，那时治病打点滴的药瓶子，都是一麻袋、一麻袋地往外装。"她回忆道。从只能卧床到能在地上爬，全家的爱与呵护创造了奇迹。上小学的时候，她还不太会走路。妈妈每天天还没亮就把她从被窝里拉起来，从身后抱着她，教她一步一步走路。有时候觉得双腿支撑不住了，她就蹲在地上，用两只手扶着脚走。妈妈看她蹲着走辛苦，决定让她拄着双拐走路。当时的双拐是木匠做的老式木拐杖，质地坚硬，她架着它走久了就疼得不行，嫩肉都被磨出了血。她不想再忍受这种钻心的痛，妈妈告诉她，不想拄那就自己锻炼，学会走路了就不用它了。从那以后，她每天凌晨4点多起床，跟着妈妈学习怎么用手拄着拐杖一步一步走路。在妈妈的陪伴下，她不仅要在水泥地板上练习，还要学着爬楼梯。家乡的夏天白昼很长，凌晨三四点就开始天亮了，300多个昼夜，她终于学会了手持拐杖行走。当时，她才8岁。

　　面对不幸，张莹莹不甘于弱、顺天而强，从不认为自己是"特殊"的一员；以超乎常人的努力和毅力，坐着轮椅出行，在校园中度过一个又一个夏天，并始终坚强而乐观地奋斗着，勇敢地面对人生许许多多的挑战。"我的家人从来没把我当残疾人，不对我搞特殊。他们总是鼓励我去尝试，音乐、美术这些特长班我小时候一样没落下。我还是'孩子王'，贪玩点子多，总有很多小伙伴跟着我玩。"她说，自己是在爱里长大的孩子，家人给了她充分的信任与自由。"别人能做的，我女儿也会做，甚至比别的孩子更独立。"她母亲曾这样说过：若用一句话来概括她，高考作文材料中的一段话很合适"生而强者不必自喜也，生而弱者不必自悲也。吾生而弱乎，或者天之诱我以至于强，未可知也"。

孤身启航勇闯天涯路

关于张莹莹的故事，要从 2011 年发生的一件事讲起，那年她刚刚大学毕业，家乡和母校都向她伸出了橄榄枝。回到东北还是留校。在她犹豫之际，深圳的朋友邀请她南下闯闯。"深圳冬天不下雪，很暖和！"朋友的这句话，让她有点心动了。在她的印象中，黑龙江没有哪个冬天不下雪、没有哪个冬天她不会摔跤，在零下几度的环境里，穿着棉鞋、挂着拐杖在地里走路，她经常打滑摔倒，遇到下雪天，结冰的地面更是让她寸步难行。"到底一个四季如春的城市，是什么样子的呢？"她怀揣着一个好奇的想法，同年 5 月买了一张南下的机票，孤身一人穿着棉袄从东北飞到深圳。下飞机后扑面而来的热气，让她有些无所适从。很快，机场工作人员和志愿者为她找来一辆轮椅，推着她走出安检口，并帮忙领取托运行李。初来乍到，这座陌生的城市释放的善意，缓解了她内心的不安。穿过城中村复杂的巷道，她来到了龙华区民治街道白石龙村，这是朋友租住的一间出租屋，在这里她朋友专门为她腾出了下铺的位置。不到一个月后，从白石龙村穿梭而过的 4 号线开通，她的第一份工作就在华强北，每天她坐着地铁往返通勤。

"这是一个充满善意又看中能力的城市，只要你能证明自己，机会就会源源不断。"她说，残疾人找工作的确会比健全人困难，但自己凭借着大学丰富的"创业"经验，很快就找到了工作。从电商、快递到行政管理，几年间，她历经多个岗位的磨炼。在最后一家企业，她从人事职员晋升到董事长秘书，还参与了企业的上市流程。

"我想从事服务残疾人工作，让更多残友走出家门，这个目标一直没有改变。"一路走来，她觉得自己得到了许多的关爱，如果不把这份爱回馈给更多需要帮助的人，内心有愧。来深圳后，她就开始留意各类助残社会组织和活动，只要有合适的她就报名参与。几年间，深圳残友圈里都知道这个扎着马尾辫、挂着拐杖，笑声爽朗的姑娘。在一次助残活动中，她认识了爱人辛均辉，两颗心因为类似的经历和心中大爱同频共振。辛钧辉是一名残障者，因幼时面部烧伤致残，留下难以抹去的疤痕，但他凭借着自己的努力考上了大学，读了法律专业，圆梦成为一名律师。后来，当张莹莹走上助残创业道路时，辛均辉通过自身所长和社会资源，为困难群体和残障人士开展法律和就业方面的公益援助。

"深圳为我打开了多扇门，让我敢于去尝试、去挑战。"随着接触的残友越来越多，她发现一些残友难以找到合适的工作，即使找到，工作收入也不高，这就影响了他们融入社会的积极性。"肢体残障者是不是就只能进工厂做手工，甚至走不出家门，视障者是不是就只能做按摩、算命的工作？"这些问题一直盘旋于她的脑海里，而在深圳这座科技创新之城，答案愈发清晰。

深圳的"暖"不仅在于气候，便民政策更是温暖着在这座城市生活的人们。2015 年，深圳市无障碍公租房小区龙悦居面向残障者开放申请，张莹莹的申请顺利通过，这让南飞的"雨燕"在祖国南大门稳稳地安了家。正是因为在这里她更多地感受到了城市的爱与包容，她萌生了辞职创业、帮助更多残障人士的想法。"生活对于每一个人都是公平的，只要心灵不残疾，不放弃追梦，不畏艰难困苦，就能努力活出属于自己的精彩人生。"她如是说，既自助，也助他，从中体现的就是一种蓬勃的、强健的精神。她用残缺的身体，演绎出了更完整、更圆满的人生。

自强不息逆风飞翔勇敢追梦

只有淋过雨的人，才更懂得为别人撑伞。2016 年前后，人工智能兴起，张莹莹敏锐地发现了大数据业务的部分岗位对残疾人的适配性。人工智能主要分三块：一是硬件技术，二是算法的改进，三是需要大量的大数据训练，三者缺一不可。大数据训练需要大量的 AI 数据标注人员，这个标注岗位，只需要简单的电脑操作技能。"残疾人经过培训，完全可以胜任这类工作。"有了"答案"，就要行动。很快，她放弃高薪毅然从公司辞职，拉着几位残友走上创业之路。在社会各界的支持下，她和残友们先后创办成立了深圳青龙无障碍科技有限公司、深圳市雨燕残疾人关爱事业发展中心。"雨燕"——翼长而身形小巧，却是飞翔速度最快的鸟类，她起这个名字就是希望带领着更多残友突破身体障碍，勇敢翱翔。

张莹莹进行残障岗位开发培训

由于资金有限，"雨燕"最初的办公地点是在民治城中村内，她还记得一个细节：办公室没有无障碍洗手间，自己每天都是中午休息或者下班回家才能去洗手间。虽然条件艰苦，但大家信心满满，在局促的办公室里，大家举办了残友沙龙、心理咨询、就业对接讲座等等。很快，民治街道相关部门留意到了"雨燕"，并通过多方协调，帮助"雨燕"进驻北站社区党群服务中心。此后，深圳市龙华区民政局、民治街道在北站社区南源商业大厦成立"IC 爱创空间"，作为残疾残障者创业就业基地，使用面积达到 2000 多平方米，"雨燕"是首批入驻团队，在岗员工 90% 以上是残疾人和残疾儿童家属。

爱会带动更多爱。2018 年，她带领雨燕团队运营位于深圳龙华的残疾人创业就业基地"IC 爱创空间"，着力开创残疾人多元化就业创业模式，为创业初期及有创业意愿的残疾人提供链接资源、法律咨询、心理干预、人员代招等服务，打造残疾人多元化就业创业模式。该项目充分利用"互联网＋就业"优势，挖掘残疾人自身潜能并精准匹配岗位，仅"雨燕"团队内部，就为残障人士提供化妆师、讲师、软件开发程序员、话务员等十余种岗位。她带领大家一起探索出一条适合残障人士就业的创新模式，开展残疾人就业创业技能培训300余场，帮助2700多名残疾人上岗就业，并成功孵化出国家高新技术企业"深圳互联心集团有限公司"等残障者创业企业和社会组织共23家，这其中创业残障女性占比40%、残疾员工占比68%，涉及软件开发、人力资源、外贸等多行业。

走进龙华区残障者就业创业基地（又名IC爱创空间）二楼的办公区，一位视障者戴着耳机，耳朵捕捉着从音箱传出的，数倍于常人语速的语音指令，同时熟练地用键盘进行输入。这是一位特殊的AI语音训练师，为国内某科技公司提供技术支持，每天可以处理数百条智能语音数据标注。

在张莹莹身边，还有多位残障同事，他们一样在忙碌着。"他们从事的是人工智能相关工作。"她介绍，"国内部分智能音箱的语音识别系统，正是由残障的AI语音训练师完成。"满震洋今年33岁，他4个月大时被烧伤，身体和脸上都留下了痕迹，这使得他一直缺乏自信心。"我当过建筑工人，干过电工，做过推销员，曾经在钢管厂操控机器，站一天下来腿都是肿的。"满震洋说，"当时我很迷茫，也很自卑。"2019年，一个偶然的机会，满震洋认识了她，她热情地给他介绍人工智能相关的工作。满震洋来到深圳工作，看到了不一样的世界，这里有免费的宿舍，干净的工作环境，同事们很亲切，工作很快乐，我的人生开启了新的天地。

"谁说残疾人只能做手工，只能按摩，我要让残友们能走进写字楼，有美味的下午茶，有暖心的小伙伴，工作忙时也要加班，同样要保持学习状态。周末可以和小伙伴去野餐、去看海。"张莹莹描绘着的画面，正一步步在实现。这个拄着拐杖也要爬上树的小女孩长大了，童年的"孩子王"蜕变成领航的"雨燕"，想要证明给更多人看，"正常人可以做的，我们残疾人一样能，甚至做得更好"。AI数据标注、3D打印、软件开发、电子商务……2016年以来，她带领团队探索新业态多元化就业，目前已经开发出多种类的就业模式。据介绍，在该模式的带动下，受助残障者的收入明显提升，收入高的每个月可达上万元。这样的模式不仅在深圳本土开花结果，她还与北京、上海等地的公益伙伴合作，在当地成立公司，为更多残友提供机会。

幼时患病的经历，让张莹莹对残障儿童倾注了更多关注。为切实让残障儿童得到帮助，她带领"雨燕"团队开展了"阳光家园"残障儿童社会能力培养行动，3年多的时间，帮扶了600名患自闭症等的残障儿童，让他们具备自我出行、购物和与人沟通的能力。最让她高兴的是，这些孩子当中，有些已经可以跟着工作人员一起做志愿者，到各个社区开展垃圾分类指导等活动。同时开展残障儿童家属帮扶计划，从手工、互联网、社工、艺术等多角度进行技术赋能，让在家照顾孩子的妈妈们也有了就业技能和灵活就业的机会，有4人还自主创办企业。"我们开展的残障儿童'舞动飞翔'计划，是针对大龄心智障碍儿童开展的艺术才能项目，有舞蹈、沙画、乐器、演讲、传统文化艺术等，项目开展4年来，有270名孩子在不同舞台、以不同形式展示了自己的才华和能力。"看着孩子们的一点点进步，她很欣慰。

张莹莹在助残公益领域开展了已经10年时间，帮扶了从就业创业、技能培训、艺术培养，到医疗领域的肢体畸形治疗和健康重建，全方位为更多残障小伙伴们解决各自急需愁盼的问题。她更关注如何在乡村振兴政策背景下开展助残工作，让更多残障伙伴有更稳定的收入，让更多残障伙伴在雨燕团队联动的深圳大学附属华南医院潘奇博士团队接受医疗筛查和医疗救治，让更多残障伙伴们有了好的身体以后，再为他们提供就业岗位，真正让他们在人生道路上更好地往前走。

"尽我所能" 到最需要支援的地方去

扶贫先扶志，扶贫必扶智。张莹莹觉得，要提高残障人士的就业能力，首先要从心理上提升他们自强不息、自我奋进的意识。这些年来，她积极参与脱贫攻坚工作，通过开设残障者普法、积极心理学等课程，努力给残障人士带来全新的理念和心态上的转变。自2018年10月起，她和同事先后走进广西壮族自治区东兰县、凤山县，之后又陆续在巴马瑶族自治县、罗城仫佬族自治县开班，进行残疾人心理辅导、就业上岗培训，提供电商客服、直播带货、抖音制作、微信营销等课程，帮助山区贫困残障人士掌握一技之长。"一开始去到当地，一些残障伙伴看到我们团队还会躲着不见。但现在，他们远远看到我就叫'张老师、张老师'。"她深深感慨，一扇门打开后，更多改变在发生。

同时，张莹莹还带领团队开展了"五个养猪人"——龙华区对口精准扶贫公益助残项目。依托凤山县贫困残疾人创办的专业养殖合作社建立"五个养猪人"梦想家园养殖基地，以"我有一头猪养在凤山"为卖点，通过定制年猪、天然喂养、线上养猪、智能呈现等方式打造公益助残脱贫模式。项目启动当年，50头猪就被个人及爱心企业全部领养。她还组织开展了"深圳龙华——河池凤山残障者就业技能培训班"，培训内容包含电商客服、直播带货、抖音制作等课程，共有350名当地残疾人受益，其中女性残障人士占40%。她说："新业态下残障人士就业是我们一直在追求也不断去探索的，从互联网就业到非物质文化遗产"苏绣"的绣娘的培养，到多角度地培养人工智能、3D打印，都是我们在新的科技领域的工作岗位培养。"她还组织开展了"春笋计划"等助残及医疗康复行动，为残障者提供就业指导、创业服务、法律咨询、身心治疗等服务，帮助残障者提升职场能力，累计服务超3万人次。

张莹莹（右三）开展"五个养猪人"扶贫项目

去年母亲节，张莹莹收到了一名外省受帮扶残障伙伴打来的电话，"张老师，我拿到了第一份收入！我给妈妈买了一份母亲节礼物，这是我长到38岁以来给她买的第一份礼物"。"38岁的第一次"，让她十分触动，她期望在更广范围实现残障者的人生价值、改变命运，通过就业创造美好生活，为他们早日脱贫、重拾生活的希望拓宽路径，带领贫困地区残疾人走出家门实现就业梦。

步伐坚定一个接一个地传递温暖

在多年助残的的路上，张莹莹与许许多多的残障伙伴有着深厚的感情，其中有一位让她印象特别深刻。50多岁的温勇东患有听力障碍，一度为找工作而苦恼。在一次招聘会上，他认识了张莹莹。在了解到温勇东的情况后，张莹莹千方百计为他介绍工作，最终安排他到安保公司任职，离家不远且有稳定收入。之后不久，温勇东的大女儿不幸遭遇车祸需要做手术，她了解到这一情况后，多方凑了几万元给温勇东交了手术费，解了其一家人的燃眉之急。她说，残障人士就业比较难，要尽力为他们提供帮助，创造机会。她为机构取名"雨燕"，就是希望残疾人不被身体所限制，能飞翔起来，勇敢追梦。

"她就瞄准一个目标—— 一切以残友的需求为中心。"和张莹莹相识10年的朋友——肖伶俐对她的干劲和热情由衷佩服。而最让肖伶俐佩服的一点，是她总在思考和学习，带领着整个团队进步，起初团队主要是帮助残友就业，越走路越宽，我们开始关注残障家庭的需求。一年多来，我们又开始关注肢体残障者的功能重建，再筛查和链接医疗资源。"周六凌晨4点半出发去坐飞机，到了云南楚雄12点，1点半就进手术室，三台手术做完已经是晚上7点多了，我们又坐车前往广南，到了凌晨才安顿下来。第二天上午继续做手术，当天下午我们就坐高铁回昆明，从昆明坐飞机回到深圳。"这是某月的一个周末，张莹莹和"肢体矫形与重建"医疗团队的行程。而这样的工作节奏，对她来说是平常事。"在我们的走访中，很多肢体残障者经过治疗，是能恢复功能，走出家门，也许就是一次改变命运的机会。"两年来，为帮助肢体残疾人进行有效的医疗救治，张莹莹通过链接社会资源，联合深圳大学附属华南医院矫形与肢体重建外科专家团队，发起成立深圳市肢体矫形与重建基金，为残疾人进行肢体残障矫形个体费用补充和乡村振兴城市残疾人矫形帮扶。作为产学研、医生培养、医疗救助的基金，她希望有更多的医疗团队行动起来，在全国各地去帮助肢体残障者恢复身体机能。实际上，她也需要做手术。近年来，双腿肌肉萎缩和关节疼痛的问题愈发突出，为了工作方便，她也放弃了拐杖，改为代步车和轮椅出行。医生也多次劝她进行手术。但她总说："还不急，还不急。"她想把时间和机会先留给更需要的人。

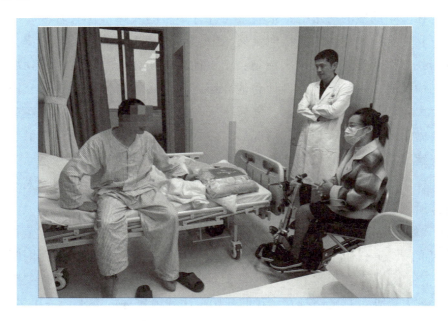

张莹莹（右一）在深圳大学附属华南医院慰问困难肢体残障矫形患者

仅在 2021 年 10 月，雨燕团队支持下开展的医疗筛查就已经筛查了400 多人，65％的残障小伙伴通过手术可以行走得非常好。"身处在深圳的一位残障人士，我是幸福满满，在各级政府大力指导下我们的事业持续不断创新，依托深圳科技创新的优势，我们做了不少先行先试、可复制可推广的项目，不断辐射到全国各地，助力残障者走出家门、融入社会。"张莹莹娓娓道来。

不少残障伙伴们正在做康复训练，忽然看见她的时候特别兴奋，高声叫道："莹莹老师来了，莹莹老师来了，我已经可以来回走一趟了……我比昨天进步了。"每次当她看到一个个残障伙伴们脸上洋溢着的幸福笑脸时，她就感觉到特别幸福。正是因为她所做的每一件事情，都能得到许许多多人的支持。"在深圳这座'志愿之城'，我要将我得到的这份关爱不断传递下去，将这种志愿精神传递下去。"她如是说。

张莹莹表示，今后会带领团队继续为残障人士提供贴心周到的服务，助他们梦想成真。深圳当前正在创建全国文明典范城市，期望在这过程中不断将好的优良品德、好的家风、好的志愿精神带到社区当中，带到各所学校和青少年当中。在工作岗位上，她必定不忘初心、牢记使命，一步一步向前发展，在追梦的道路上带领更多的残障伙伴们奋力奔跑，为实现残障伙伴们个人人生目标和幸福美好生活的同时，贡献出自己的一份力量。

近年来，她又带领龙华区志愿者开展残疾人"演说家"志愿服务项目，鼓励残疾人走出家门，走进社区、学校、企业进行励志演讲，用一个个感人故事、一场场精彩分享激励听众，汇聚志愿力量。目前，残疾人"演说家"团队已演出百余场，听众人数超 5000 人。她说："多元、融入、平等、参与是自己从事志愿服务的初心；帮助更多残疾人融入社会，实现人生价值，是自己的责任与担当。希望自己能和'雨燕'一样，一直快速奔跑，逐梦飞翔。"

同事眼中的"雨燕"

勤奋上进、乐于助人、坚毅果敢、充满智慧……在谈到张莹莹时，身边的同事、受助对象不约而同地提到了这些赞扬的关键词。在龙华区 IC 爱创空间，编者见到了她的同事，在他们眼中，张莹莹对生活充满热爱，对助残事业始终保持着饱满的热情，像关心家人一样关心自己的员工，总能让身边的人充满希望和力量。

"她让我对助残事业有更执着的追求。"肖伶俐说道。肖伶俐是雨燕残疾人关爱事业发展中心秘书长，也是张莹莹的好闺蜜。"我们从2011年就认识，都是刚大学毕业来到深圳，进入同一家公司，我做助残社工，她做行政管理，这些年来，我亲眼见证了她的成长。"肖伶俐说，"当时张莹莹在公司已经做到了副总的职位，但还是选择自己出来创业，她很有上进心，很有自己的想法。"

"她性格积极乐观，对生活充满希望，对自己所从事的助残事业信心满满。"肖伶俐说，出来创业之初，她俩主要在省外开展针对残障人士的就业培训，一年仅在深圳停留几十天。长年辗转各地开展助残培训，这对于一个肢体有残疾的人来说并非易事，但张莹莹还是坚持了下来，"她对我的影响很大，让我对助残事业有了更执着的追求"。雨燕中心成立后，她们把重心放在深圳，扎根IC爱创空间，主要开展残障人士培训、特殊儿童及残障者家属关爱等工作。在肖伶俐看来，张莹莹精力充沛、很有智慧、执行力很强。"她脑袋里面的想法特别多，遇到任何事情，都有灵感、有方法，很快就能把事情解决，感觉没有什么问题可以难倒她的。"谈到张莹莹的工作能力，肖伶俐心生羡慕："尽管身体残疾，她每天却精神满满，像打了鸡血似的。中心的工作很忙，但她思路清晰，做事很有条理，能分清主次先后，重点的事情竭尽全力去做。"

工作之外，肖伶俐也是张莹莹形影不离的好姐妹，有时周末一起外出游玩。"张莹莹对生活充满热情，是个闲不下来的人，一定要出去走走看看。她对家庭也很有规划，如今她的两个孩子和父母都在深圳，是个很幸福的家庭。不管是工作还是生活，她都是我非常敬佩的榜样。""作为肢体残疾人，她对残障人士很有同理心，对其身体、心理、家庭、社会等方面的情况有更深的认识，也能更了解他们的需求，为他们的家庭、未来着想。"肖伶俐告诉编者，一般人在服务特殊儿童时只是单一针对特殊儿童，但张莹莹还会考虑孩子妈妈的心理状态、家庭情况，帮助照顾孩子之外，开展针对妈妈的解压、技能培训，增加其家庭收入。残疾人自尊心比较强，一些服务对象即便有需要帮助的地方也不会主动提出。她在和服务对象简单聊天中，总能观察发现对方的需求，然后主动提供一些资源信息，在无意识中巧妙地为他们提供方便和帮助，又不让对方感受到被施舍的感觉。

张莹莹对待同事像对自己的亲人一样好，雨燕中心发展起来后，她每天工作更忙了，但不管再忙，她对待同事都很有耐心，工作上悉心帮助和指导，生活上更是无微不至地关心和关怀。"我是2019年加入雨燕中心的，这里的无障碍环境、温馨有爱的工作氛围，让我体验到社会大家庭的温暖。"跟张莹莹一样，郑晓玲身患肢体残疾，出行依靠坐轮椅，她告诉编者："莹莹姐平时很关心我们吃的住的，还组织开展各类学习培训，让我们很快成长起来。"让郑晓玲印象深刻的是，有一次中心来了一个新人，因为他身体残疾、行动不便，找房子处处碰壁。在得知情况后，张莹莹发动身边所有的朋友一起帮那位新同事找房子，最终找到出行无障碍、租金又便宜的房子。在郑晓玲眼里，张莹莹是一位平易近人、敢于拼搏、勇于创新、充满爱心、乐善好施、积极向上的励志人物。

叶小凤是在3年前一次演讲比赛中认识张莹莹的，听了她的助残故事，叶小凤被深深触动，并加入了雨燕中心。"感觉她小小的身体竟然蕴藏着大大的能量，敬佩她不仅把自己照顾得很好，还凭一己之力不断在帮扶周围的残障伙伴们。"叶小凤说，加入这个团队后，她被张莹莹的个人领导魅力所折服，无论大小事情，她总是冲在前面，对待工作丝毫不马虎，对下属的事情，无论是工作还是生活上的，她都是当自己的事情去处理。叶小凤说，有一次中心同事申请到龙华的廉租房，搬家后孩子的转学问题过了半年还没着落，小孩必须每天在龙华与龙岗之间利用公交往返。张莹莹得知后，第一时间了解办理进程，协调有关单位，将问题快速解决。"她就是这样一个有事冲在最前面的热心大家长，带领着团队里的每位伙伴，克服一个个困难，勇敢地向着一个个认定的目标前行。"

点亮希望自我奋进，润物细无声

广西壮族自治区凤山县是深圳市龙华区的对口帮扶地区，有部分贫困残疾人也有就业意愿，却苦于身体不便，不能像普通人一样外出就业，他们成为脱贫攻坚最需要帮助的群体。近年来，深圳市龙华区民政局和残联等部门根据凤山当地残疾人需求实施精准帮扶，雨燕团队把助残培训项目开进凤山，帮助当地不少残疾人实现就业脱贫。

"我对现在的云客服工作很满意，在家里不出门，只要动动手指就能赚钱，我觉得没有比这个工作更轻松的了。"凤山县金牙瑶族乡下牙村肢体残疾人班富呢就是助残培训项目的其中一名受益者。"读初中时不幸得了强直性脊柱炎，辍学后外出打工，做过电工、焊工，由于病情加重，只能回家帮父母干点农活。没有一技之长，又身体残疾，出门工作无望，治疗还花光了以前打工的积蓄，30岁了没一点成就，看不到任何希望。"班富呢说，在他最绝望的时候，龙华区残联给他带来了好消息，说是要开展云客服培训还能安排上岗，他第一时间报名参加，很快就掌握了云客服的业务，如今有了稳定的工作，每个月有几千块钱的收入，也对生活恢复了信心。"我在内心深处非常感谢龙华区残联以及张莹莹的团队，不仅给我一技之长，还为我重塑了生活的信心。"班富呢说，"张莹莹第一次来培训时对我说，'你要对自己有信心，有些人坐着轮椅还能把生活过得很好。'在培训中，她和雨燕团队很注重残疾人'扶志''扶智'工作，她不仅亲自授课，以自己的励志故事激励残疾人朋友，帮助残疾人朋友消除'等、靠、要'思想，树立自强不息思想观念，还邀请心理咨询师开展心理辅导培训，让残疾人朋友能有一个阳光健康的心态。"

张莹莹自强不息、热心公益、大胆创新，倾情投入扶残助残事业，带动大批残障朋友一起振翅飞翔、勇敢追梦。乐于助人，是一种传统美德和优秀品质，在她身上体现得淋漓尽致。她在自己创业成功的同时，主动为残障朋友创造了一个温暖的家，帮助更多残障者有效融入社会、实现自我价值。在"雨燕"的引领下，数以千计的残障者走上工作岗位，实现创业梦想，收获多彩人生，享受到被人需要的美妙感觉。她秉持"授人以渔"的理念，探索多元化就业创业模式，帮助支持残障群体更好发展，取得了扶残助残事业的显著成就。

乐观、贪玩、爱笑是雨燕的另一面

在我国，肢体残障者是可以持有 C5 驾照驾驶汽车上路的，这是一个身体健全者很少注意到的地方。因此当张莹莹介绍每天早晚是自己开车通勤的时候，很多人仍会惊喜地睁大双眼。"上下班开车我不觉得累，可以在路上听很多书呢！"张莹莹总抓住时间学习，在创业初期，当她发现自己在心理学方面的知识储备不足时，就考取了中国科学院心理研究所的研究生，希望学有所成后能更好地帮助残友。

这些年来，除了帮助残友就业，张莹莹还十分注重残友及其家人的心理健康。自闭症的孩子在台上热情打起了非洲鼓，肢体残障的小女孩自信唱出了动人的歌曲……这是"雨燕"下属的满天星艺术团年终总结演出的现场，台下孩子们的家人眼睛里闪烁着喜悦的光芒。"以前想都不敢想，我的孩子还能上台表演。"王毓旋是一位智力残障儿童的妈妈，这些年来，儿子在"雨燕"团队的帮助下学习非洲鼓，还加入了"雨燕"成立的艺术团，有了登台表演的机会，而自己也参加了专门为家属开设的兴趣班，在班上学插花、学茶艺。

不仅如此，"玩心"很大的她还推动成立残障者健身俱乐部。"谁说残疾人只能拄着拐杖、只能坐在轮椅上，这种观念已经'过时'了，我们要让更多人看到残疾人健康向上、阳光积极的一面。""孩子王"的事业越做越大。"莹莹很忙很忙，周末都少有时间休息，但我几乎没有见过她喊累。"她所在的"雨燕"的同事肖伶俐说。"会有觉得累的时候吗？"编者问。"没有。"张莹莹不假思索地答道。"我的爱人、我的父母给了我强大的支持，让我能放心去闯荡。"在采访中，张莹莹多次提及家人为自己解决了后顾之忧，包括自己的孩子，周末都常陪自己做公益活动，在现场帮忙搬物资、推轮椅等等。这些年来，她极少有自己的私人休息时间。"上一回做完一场活动，团队一起去商场吃饭，大家讨论着这好吃、那好吃的时候，我发现自己啥都不懂，感觉有点'out'（落后）了。"她说，自己是个"物欲"很低的人，好些年没逛过街了，也很少添置什么衣服。"你看我这件外套，就是 2018 年第一次见到习近平总书记时穿的，一直还在穿，是不是还挺新的。"她笑着问编者。

助人为乐彰显大爱之心

2022 年 3 月 14 日下午，位于龙华区民治街道北站社区东泉新村核酸检测点内，来了一群特别的志愿者——被誉为最美深圳"雨燕"的张莹莹，带着龙华区张莹莹青年志愿服务队的 15 位残障小伙伴，一起加入了社区所在的志愿者团队之中。

张莹莹（右一）在大规模核酸检测现场协助居民

卡口验码、维持现场秩序……尽管行动不方便，但张莹莹和队员们做起工作却一丝不苟。"我们的残障小伙伴们来做志愿者，可能有的人手不方便,有的人脚不方便,但大家参与志愿服务的热情非常高涨。"她介绍说。在现场,他们换上红马甲、防护服,以志愿服务的方式,投入到所在社区的核酸检测采样点服务。"疫情面前,人人都有一份责任。我们也要在力所能及的情况下,贡献出我们的一份力量。"她说道:"我们一直都坚持在做志愿服务。但在今天这样一个特殊时期,我们响应号召暂停手头的工作,马上组织小伙伴们向所在社区报到,参与社区志愿服务。"

助人不辍,行善致远。张莹莹一直与人为善、助人为乐,感人善举彰显润泽苍生的大爱之心,提升了深圳这座爱心之城、慈善之城、志愿者之城的文明高度。在各方的关心帮助和大力支持下,"勇敢的雨燕"坚定助人为乐、扶弱济困、回报社会的信念,未来必然会飞得越来越高、越来越好,让更多人感受到这份伟大爱心和阳光温暖!

张莹莹曾先后获得"全国道德模范""全国自强模范""中国青年五四奖章""全国三八红旗手标兵""全国三八红旗手""中国好人榜"等荣誉称号。她也被全国人民亲切称为"勇敢的雨燕"。获得全国道德模范殊荣后,她内心充满了感激:"我很荣幸能获得第八届全国道德模范,特别激动,特别感动感恩,非常喜悦,也真心感谢我们各级党委、政府对我一直以来的支持。我生活在深圳这座包容的城市,一座让我的很多想法都能付诸实践的开拓性的城市,给予了我更多力量,在助残公益事业上不断追求。这次所有上台领奖的道德模范,每个人身上都有太多故事,真的就是一本书,让我无数次流下了眼泪,满满的能量,在激励着我在自己的道路上更好地往前走,更好去创新发展。获奖以后,对我们团队接下来的发展规划得到了更多的激励和鼓舞,相信会做得越来越好,不辜负全社会对我们的期望。"

爱的地铁，无处不达

——深圳青年志愿者陈纪森①的故事

　　陈纪森，就职于深圳市地铁集团，现任深圳市地铁义工联合会秘书长，致力助残志愿服务、文明交通志愿服务已长达 20 年。他是深圳国际公益学院 EMP（Executive Management of Philanthropy）第 12 期学者，荣获第十二届中国青年志愿者优秀个人，携手团队打造的"精准助残'最后一公里　出行无障碍'"项目获得第四届中国青年志愿者服务项目大赛金奖。

　　近 10 年来，陈纪森带领团队荣获市级荣誉 37 个，其中国家级荣誉 8 个，省级荣誉 9 个，建立志愿管理制度多达 27 项；致力打造深圳地铁"1＋365＋N"公益志愿生态圈；率领团队发展义工 4 万余人，日均安排义工 1100 人次，365 天服务"不打烊"，累计为深圳提供志愿服务 610 万小时。从深圳到青海，他的志愿事迹仍在继续。可以这么说，他以交通城市社区的地铁为载体，将志愿大爱传遍四方。

一棵青春木，一片志愿林

　　"奶奶给别人义诊不收诊金，还经常三更半夜出门接诊，急乡里之所急。"陈纪森说，"她这一生是这么做的，且一做就是一辈子，奶奶 103 岁走的时候，十里八乡的乡亲们都赶来送别。"高山仰止，景行行止，身

---

　　①　陈纪森，深圳市地铁义工联合会秘书长，致力志愿服务事业已长达 20 年，志愿服务时数约 1800 小时，曾获"第十二届中国青年志愿者优秀个人"等荣誉称号。

边人的高大对人的影响更大。看着奶奶无私行医的背影越渐越远，一颗善良和博爱的种子悄无声息地在陈纪森心里播种发芽。

时间回到 2002 年，从陈纪森光荣成为一名共青团团员开始，正是朝气蓬勃的 15 岁青年修身立德，勤勉学习，争做未来能为国家发光发热的好青年的时期。他积极参与各类志愿服务活动，在校园志愿文化的培育下不断积聚着能量，那颗早已播撒在他内心的小种子渐长为小树苗。在这个鲜衣怒马的花样年华，陈纪森开始触摸到志愿服务微小的光和热，他的公益生涯——志愿者之路正式启航。刚开始作为学校的学生会副主席，他积极参加学校每周五定点组织开展的关爱"五保户"老人志愿服务，定期定时到当时有"盲人巷"之称的社区探访患有视障的孤寡老人。

陪伴是相互的，助人也是自助的。一位曾服务过的奶奶让陈纪森印象深刻。他回忆道，高中三年，每周一次定点探访，已经记不清去过多少次了。内容很简单，也很难，就是陪奶奶聊聊天，帮奶奶做一顿饭……但要坚持下来不是易事。"日久不仅生情，更能辨声，奶奶其实是完全看不见我的，但后来却能够听脚步声就知道我来了，那是一份感动，更是一份长久陪伴换来的深情的挂念。"从陪伴这位奶奶的事情上，陈纪森心里明白了：在别人无助、黑暗中建立起的纽带，不只是信任，更是责任；也明白人生的志愿生涯一旦开始，就要坚持下去，因为每周一小时的坚持，带去的是他人愉快的"光明"时刻。在志愿服务中，助人快乐，自己也快乐，长此以往，自身的心性也得以提高，这就是志愿服务的魅力。尝到"甜头"的陈纪森，决心要继续行走在志愿大路上。

后来，陈纪森考上大学，在广州铁路职业技术学院担任学校公益社团"爱心二号"团长，开始参与常态化、组织化、项目化的志愿服务。他带领 1000 多名学生志愿者，举办发起校园环保"变废为宝"回收活动、周末 1 元爱心电影、"敬老院送关爱"等品牌志愿项目。除此之外，陈纪森还连续三年担任学校"三下乡"志愿者服务队队长，到清远、韶关的山区小学开展"三下乡"支教活动。2008 年作为广东省大学生志愿者服务队员成为四川地震灾区志愿者，并荣获 2008 年"广东省大学生志愿者先进个人"称号。

参加"三下乡"志愿服务的陈纪森（左一）

　　回忆起在 2008 年参与四川地震灾区支援的经历，陈纪森仍历历在目。那时，余震不断，灾情仍牵动着全国人民的心。从党中央、国务院到各地方各部门，从解放军、武警部队、消防官兵到公安民警，从专业救援队到普通志愿者，从各级领导干部到广大人民群众……为抢救成千上万的生命，亿万同胞必须果断"出手"，而年轻的陈纪森也是其中之一。在他前往的区域里，6 级余震不断，他早早地写下了一封遗书，并怀揣着它，用双脚踏遍了绵阳、广元、青川等山区进行灾户调查。"在四川上山下乡做受灾户调查，那是真正意义上的跋山涉水，一天走 14 公里山路，才访谈到 2 户人家。"这样的经历在彼时还是学生的陈纪森心中留下了深刻的印象，他心中的善良和博爱的小树苗也是在这样的经历下越成长越苗壮，"帮助他们走出困境，让他们拥有幸福的能力"。这也一直烙印在陈纪森的脑海里。

陈纪森（左一）在四川绵阳震区参加学校灾后调查

"爱，就是在他人的需要上看到自己的责任。"在志愿培训时看见的这句话，一直激励着陈纪森继续奋进。2009年陈纪森在学校光荣入党后，作为一名党员，他深刻认识到为人民服务是党的宗旨，更是党员的使命，而志愿服务的本质也是为人民服务，只要为人民服务就能同时实现两项义务，他觉得非常有意义、有成就感。为此，陈纪森找到了自己的人生信条："在行善传承中成长，在利他经历中找到人生价值。"

"一木难成林，众人方成团。"2012年，已在深圳地铁集团就职3年的陈纪森，同时也成为列车大修车间的一名团支部书记。这时的他，萌生出借力大平台创办一个志愿团体的想法。在结束深圳大运会志愿服务工作后，作为共同发起人，在深圳市地铁集团有限公司积极推动下，陈纪森于2012年10月注册成立国内首个轨道交通行业志愿者法人团体——深圳市地铁义工联合会，他的身份也从业余志愿者转变为全职志愿服务组织骨干。正如他自己的名字一样，有一个"森"字，个人公益志愿路上做不到"一木成林"，唯有跟更多志同之士融入公益事业的圈子中，才能做到独树变成众木林。

从志愿者干事做起，一直到现在的深铁义工联秘书长，10年来，一步一个脚印，做志愿者背后的志愿者，通过打造深圳地铁"1＋365＋N"志愿生态圈，以"志愿深铁，爱心随行"为服务理念，以"服务地铁，温暖城市"为服务使命，倡导"奉献、友爱、互助、进步"的志愿精神。"1＋365＋N"志愿生态圈的架构是：通过1个地铁公益志愿平台，提供3种服务时间（早晚高峰常规服务、节假日服务、春运暑运服务）、6种服务岗位（站台引导岗、站厅疏导岗、购票指引岗、闸机服务岗、信息咨询岗、"S站"综合岗）、"5出、5化"管理机制（出文、出人、出力、出钱、出门；制度化、专业化、项目化、信息化、品牌化），N种多元化的志愿服务和公益项目，为深圳市民提供365天"不打烊"的志愿服务。

　　深铁义工联合会在128个重点地铁车站提供早晚高峰、节假日、突发应急等形式多样的常态化志愿服务活动，日均安排志愿者超1100人次，成为深圳市最活跃的志愿服务组织之一。其中，每年组织的春运暖冬关爱行动项目，累计为返乡乘客提供超10万碗的爱心粥、暖心茶，一碗爱心粥，温暖千万人，提升城市魅力和温度。2020年陈纪森获得第十二届中国青年志愿者优秀个人，主导发起的"精准助残'最后一公里出行无障碍'"项目获得第四届中国青年志愿者服务项目大赛金奖，并荣获2020年"中国公益慈善大赛银奖"。

陈纪森参加公益项目大赛

对于自己的志愿事业未来，陈纪森想到的是既然找到自己的人生志愿路，有了前面的触圈、入圈，接下来更多的是要永远抱着学习的心态，全身心融入公益志愿的圈子。他常常为能够站在前辈的肩膀上，继往开来，谱写社区志愿新篇章而感到荣幸不已。

一个大社区，一面鲜红旗

一名党员，就是一面旗帜。2022 年深圳疫情突发，党员干部、企事业单位职工就地转为志愿者，作为深铁义工联合会秘书长，党有号召，必有所应。从 2022 年 3 月 1 日到深圳市上沙社区报到上岗服务，到 4 月 19 日再次回到工作岗位上，陈纪森连续抗疫 49 天："感恩这段岁月，如果说七七四十九天就像经过真金火炼，那我觉得自己花了一个多月的时间，做一件一生难忘的事。"

刚进封控区，陈纪森和他的深铁志愿者队友们即时转入"战时"状态，"党员红""志愿红""战疫白"，熠熠生辉。正所谓，深圳疫情看福田，福田疫情看"小三角"，"小三角"疫情看上沙。此时此刻，上沙社区核酸检测阳性人数占全市检测呈阳性人数的一半，因此上沙社区 5 万居民的抗疫胜利直接影响着深圳抗疫的胜利，可见当时作为"重疫区"的上沙社区压力不是一般的大。在党和政府的领导下，各级政府机关干部、各区社区工作人员、支援志愿者共计 5000 余人，一夜成军，连夜从全市四面八方支援上沙社区，陈纪森所在的深圳地铁首批抗疫志愿先锋队 105 人第一时间加入战斗中。

"刚开始，我们都连夜加入社区居民的物资供应保障中，对于抗疫的志愿者保障，基本上没有时间考虑。我们吃住都是在下半夜，大家都是凭着一腔热情全身心投入服务。对于保障都是先服务、后保障，先解决了封控区居民的吃住问题，再逐步完善志愿者的吃住保障问题。"陈纪森回忆起当时的情境说道，"条件就这么艰苦，但没有一个人掉队，让我印象深刻。"

服务的第二天，陈纪森成为封控区志愿者后勤保障队长，组织志愿服务队为封控区5000多名志愿者提供一天四餐的供餐发放，给200多支志愿队伍发放防疫物资，解决大家生活物资供应问题。"我们24名志愿者，每天承担着2万多份饭的领取、搬运、发放，防护服、面罩、口罩、手套、脚套、帽套、酒精等近10万件防护物资的卸货、登记、发放工作，任务非常艰巨，但能为大家提供安全的防护，再辛苦也值得。"陈纪森说。

陈纪森（右一）在运送午餐

　　与此同时，在封控区20天之后，疫情还处在攻坚阶段，但大家的头发都长长了。天气炎热，大家穿着"大白"防护服，里面的衣服也常常湿透，长头发的人更难受，因此大家都有了理发的需求。但这时既没有理发店，更没有理发师。在这个时候，陈纪森联合理发的志愿者，发起了"'疫'剪没"免费理发的活动。为了提高效率，陈纪森还发明了三分钟理发方法，并通过现场招募感兴趣志愿者，现场教学培训，带出了4个徒弟。经过一周的集中提供理发服务，为1000多人次解决了头发之忧。并且通过活动与居民交流，为他们提供正能量支持，交换了重要信息，增进了抗疫信心。"理发的技能是练出来，2020年武汉疫情的时候，新闻上就看到有志愿者给疫情封控区的群众理发，这是一个实实在在的需求。我家有两个娃，后来我就自己买了理发工具，对着网络上的理发教程，边学边拿我小孩练习，没想到学到的技能能在封控区里派上用场，作为志愿者真是技多不压身，帮助'大白'解决'头等大事'，心里非常高兴，志愿服务的获得感特别明显！"

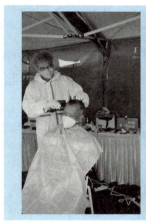

陈纪森在给志愿者理发并获得大家认可

在疫情封控第二周，学过心理学的陈纪森主动对接深圳市"12345"心灵热线组，在团深圳市委帮助下组建一支由7位心理咨询师组成的心理支援志愿者队伍，给连续封控30天或者更长时间的居民，提供及时的心理援助与情绪疏导。与此同时，为第一时间掌握居民最急切的诉求，他与志愿者团队建立了200多个居民微信群。"当时社区只有若干个热线，电话接线员忙不过来，我们就利用互联网技术通过线上表单收集居民诉求，解决社区居民的急难愁盼问题、就医问题、老人小孩营养保障供应问题，还有常年病患的配药问题。封控期间一共受理了近3000起紧急诉求，线上接的服务订单由最初开始的400多起，到最后一天的5起左右。"

通过电子化、信息化的服务大大提高了社区居民紧急求助的效率，在团福田区委的支持下，作为疫情总指挥助理的陈纪森还建立13条诉求回复热线，40人的紧急配送快递小哥，并发动地铁志愿者在上沙社区建立"楼栋群""栋长群""志愿者网络群""孕妇互助群"，100%做到居民有求必应，极大地解决特殊居民的一个个生活诉求，让群众安心宅家。在做好后勤保障的同时，陈纪森还积极对接深圳市义工联及各团体志愿者队伍，通过电话传递福田抗疫的志愿服务经验，让更多的人变身"大白"，迅速投身抗疫一线。

疫情期间，无论在居民群，还是朋友圈，陈纪森给长者配送打印版核酸码，帮助封控区平安产下第一名宝宝，上门当宠物投喂官，给4岁宝宝送生日蛋糕，助力企业老板在家签订千万合同，一个二维码解决万家事，并通过"学习强国"、《深圳晚报》、《深圳特区报》、深圳文明网、"志愿广东"等平台，时时处处讲好福田战疫的暖心事和正能量。

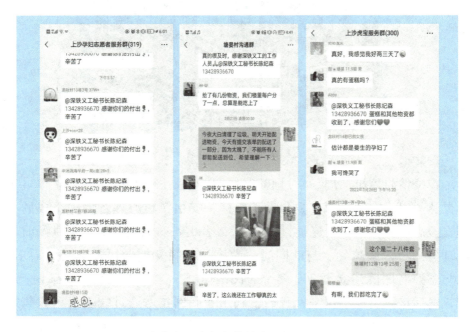

线上线下的服务获得社区居民认可

习近平总书记指出："世界上最大的幸福莫过于为人民幸福而奋斗。"做社区志愿服务就是为社区人民幸福生活提供志愿力量，在常态化的疫情防控中，要时刻准备着做社区的平时战时转换的应急队，做文明社区的好帮手，做弱势群体的知心人，以人民至上、生命至上的思想，不断增强人民的获得感、幸福感、安全感。经过近两个月的抗疫，社区战疫取得社会面清零和解封，人民生活恢复正常。为更好总结社区应对疫情经验，做到平急结合，实现社区志愿服务常态化发展，陈纪森协助社区组织"5+5"志愿服务队，即5支平时志愿服务队：环境整治志愿服务队、垃圾分类志愿服务队、食药安全志愿服务队、安全生产志愿服务队、邻里互助志愿服务队；5支急时志愿服务队：楼栋值守志愿服务队、核酸检测志愿服务队、物资保障志愿服务队、关心关爱志愿服务队、防疫培训志愿服务队。

陈纪森认为："社区志愿服务要服务好群众，一是敢于扎根群众中，依靠群众打好人民抗疫战争，这需要我们用心多听取他们的意见，主动回应群众需求；二是用脚多走路，通过多走访调研了解现场，作出研判；三是多学多思考。通过不停地学习、了解，还有综合研判，最终提出解决方案。实现问计于民，服务于民，从群众来到群众中，只有发动全民抗疫，动员群众，团结一切可以团结的力量，就能更好地为人民群众提供服务。"

一阵子接触，一辈子爱上

很多人都问过陈纪森为什么这么多年坚持做志愿服务，二十年的光阴对于一个青年来讲并不是一段短暂的时光，陈纪森给出了自己的答案——初心。陈纪森的初心很简单，就是帮助他人、快乐自己。随着时间的流逝和社会的发展，他的初心不但丝毫没有改变，反而更加强烈。他解释说："小时候住在农村，那时候都是街坊邻居互帮互助，后来随着城镇化，很多人都住上了高楼大厦，不同的声音也多了，说这个城市冷漠了，人情味淡了。我想说的是，人情味不仅没淡，反而更浓了，只是换了种形式而已。"陈纪森现在的事业对于他来说就是社会的"人情味"，社会的"人情味"浓了，他的初心也就守住了。

从懵懂年少时接触志愿服务，到现在终身忠于志愿服务事业，对陈纪森而言，是"一阵子接触，一辈子爱上"。"每一个人参与志愿服务都有自己的动机，无论是无私奉献，还是助人为乐、行善积德、交朋识友等等，我觉得参加志愿服务后最大的一个感受就是学会如何看待好人有好报这件事情。志愿服务的本义，首先是无偿奉献，付出本身就是一种能力，做好人也是一种能力，但志愿服务过后求'好报'就变为一种索取，这种心理期待式索取一定程度上与志愿服务无偿奉献相违背。"陈纪森认为付出的当下就是幸福的。

他曾经在深圳义工博物馆发现 1992 年一份"义工报名表"上的一段话："因为我有慈祥的双亲，我希望天下老人都安度晚年；因为我有活泼的儿子，我希望天下儿童都有快乐童真；因为我有恩爱的家庭，我希望天下有情人终成眷属。为此，我报名做志愿者，愿意帮助社会他人。"多么平凡的语句，陈纪森说付出应该是自愿的、愉快的，服务也是平等的，因为服务他人也是幸福自己。

曾经有这样的一个深铁志愿者故事让陈纪森印象深刻，那就是深圳地铁"皮叔"的故事，他是一位高位截肢的残障志愿者。因为偶然一次在地铁站里得到志愿者的帮助和关心，让他由受助对象变成志愿者。"皮叔"坚持 9 年如一日地在深圳北站提供志愿服务，每个人见到他都是笑口常开的样子。有一天，"皮叔"在志愿服务结束后回家的路上，刚好被违章的小车撞伤了，身上多处重伤。当陈纪森去医院探望"皮叔"的时候，他仍然那么阳光、开朗、乐观。虽然也有一些人说闲话"怎么好人没好报""天天做奉献，为什么还是车祸呢?"但是"皮叔"没有这么想，他认为做这样的志愿服务是快乐的。而对于这种突发和意外事件，要以平常心态去看待、去理解。经过三个月的康复治疗，"皮叔"出院当天马上就到车站的志愿服务岗位报到。"这种志愿精神是值得我们肯定和认可的，更是让我感动。"陈纪森说。

授人以渔，是造血的善举。陈纪森参与并策划了一项名为"世界上的另一种蓝（第一至四季）"的公益活动。一方面，通过搭建公益平台，整合社会资源，组建深圳 33 家企业的爱心联盟，借助深圳地铁，与青海科巴山区实现点对点的长期精准文化扶贫，活动终于在 2020 年结出硕果，山区里共有 22 个孩子考上大学。为解决孩子们上大学的费用问题，陈纪森继续在腾讯公益平台发出号召，通过社会爱心力量募集 42 万爱心款，助力孩子圆梦大学。另一方面，陈纪森也是深圳市中加（南山）学校的志愿服务导师，在他的指导带领下，陈纪森与学生们共同打造了一个新时代文明实践社区志愿服务项目。在陈纪森的引领下，学生们通过社区调研、采访资深社区志愿者，更加深入地了解社区的需求与问题，并以地铁站为据点，为沿线的居民提供一系列有针对性、实效性的社区志愿服务。经过持续努力与坚持，这个从零开始的项目获得2023年全国中学生领导力大赛特等奖，而且，获得社区居民的一致好评，社区面貌焕然一新。这不仅是志愿育人的生动体现，更是志愿精神的代代传承。

陈纪森（二排左二）参与"世界上的另一种蓝"公益活动

搭建人人公益场域，是开创事业的善举。作为深铁义工联合会秘书长，为提升自己的专业能力，陈纪森报读深圳国际公益学院，认真学习优秀的管理模式，总结提炼深圳地铁公益经验，并复制推广到其他企业。如2020年帮助其他城市的地铁公司、航空公司等多家企业注册成立志愿服务组织，并提供顾问服务和支持。2020年积极参加"全国慈展会"，在全国平台宣讲深圳公益爱心故事；在国家公益项目大赛中展示志愿服务示范组织风采；参加FM1062《深圳民心桥》电台采访，宣讲深圳地铁的公益生态场域，传播爱心种子；参与策划深圳特区40周年关爱号列车首发活动，点燃更多企业家、社会爱心人士参与公益的热情，传播志愿精神，提升城市温度。

陈纪森开展志愿服务公益宣讲

"作为一名志愿者，我有着较长的社区志愿服务实践经历，同时，作为一名志愿者领袖，在行动中应看到自己的责任，从自己做起，做新时代志愿服务的倡导者、先行者和推进者，为促进志愿服务发展和社会文明实践进步献出自己的力量。"陈纪森带领团队积极参与公益百万行、赠送爱心粥春运关爱行动，不仅让志愿服务走进千家万户，还让大家感受到深圳除了有速度、有高度，更有温度，还想让每一位来到深圳的同胞感受到"来了就是深圳人，来了就做志愿者"，一起做这座城市的温度守护者。陈纪森是这么想的，也是这么做的。

二十多年志愿路，地铁一列传大爱。陈纪森借助深圳地铁这个平台，将人间大爱、志愿温暖传遍了祖国大地，从深圳到青海，从城市到山区，从大社区到千千万万个小社区……相信深铁志愿者们必将继续努力，奉献、友爱、互助、进步的志愿精神也必将被发扬壮大，爱的"交通网"也必将越织越大，这列满载爱心善念的"地铁"也必将不断前行。

点亮志愿 V 站里的万家灯火

——佛山西樵山下青年志愿者冯基开①的故事

　　"假如我是一束光,我愿把光洒遍西樵山,让助人为乐的种子茁壮成长,随风扬梦起航,在人世间传递爱的芬芳。"这是冯基开从小到大的志愿。他从小得到父母以身作则的仁善教育,在内心埋下了一颗"助人为乐"的种子,孕育着对佛山西樵这片土地深厚的感情。自大学开始,他便在多个志愿岗位热情服务,是什么原因点燃他小时候的助人初心?在他开展社区青年志愿服务路上,遇到了哪些困难?又是如何克服这些挑战?由此引发的故事,将由本期主人翁——佛山市西樵镇雅居乐广场志愿 V 站(下称志愿 V 站)站长冯基开,为我们一一解开。

　　他,1986 年出生于佛山市西樵镇华夏社区,从小就受到父母见义勇为善举的教育,那天大清早,他母亲在河岸边洗衣服,隐约看到同村的一个小孩小明(化名)掉进河里,母亲一边游去河中央、一边吆喝着周围的乡亲乡里过来,说时迟那时快,一眨眼的工夫她就把小孩抱了上来,这次的事是溺水小孩小明的妈妈来到家里拜访冯基开一家的时候说起,到那时他才知道原来妈妈一共从河里"捞上来"3 个小孩。"母亲低调踏实、善待他人的性格影响了我。"冯开基说道。童年时,他父亲从一名教师转岗,下海经商开办纺织厂,带动了亲戚朋友加入纺织行业。在那几年间,但凡遇到有人企业经营不善的,或缺资金、缺技术的,他父亲都

---

　　① 冯基开,佛山市南海区西樵雅居乐志愿 V 站站长,志愿服务时数逾 1500 小时,积极参与基层治理志愿服务,为优秀志愿者骨干提供学习与培育平台,曾获"佛山市五星级文明标兵户"等荣誉称号。

会二话不说，立马伸出援手，这也培育了他"勿以善小而不为"的仁爱之心。在父母以身作则之下，他耳濡目染，就连家里买了全村最早的一台黑白电视机，他都会主动给过来看电视的街坊四邻拿出遥控器，因为在他心中早已埋下一颗"助人为乐"的种子。

西樵镇雅居乐广场志愿V站站长冯基开

经过西樵山下邻里互助氛围的熏陶，冯基开心中这颗"爱"的种子逐渐萌芽。他读中学的时候，希望用自己微小的力量帮大家做点力所能及的事情，于是他成为一名青年志愿者。他最早开展的志愿服务，是在高考后为华夏社区八甲村的小学生们免费辅导课业。起初他没多想，只想趁着上大学之前，给村里四邻减轻暑期管教的家庭压力，做一些力所能及的事情，他甚至没想到会遇到困难。在他一腔热血之下，课业辅导班名声在外，许多村民带着孩子自发报名参加，但人手不够、场地不够、没有配套资金、设备不完善，这些问题成为摆在他面前的一道坎，不解决这些问题辅导班就要暂停，于是他找到住在附近的刚高考结束的同学来帮忙，就这样大家一起出谋划策，组织了将近一个暑期的"小小加油站"乡村留守儿童培训班。即便遇到不少问题，但也有不少让他感到欣慰的场景——家长与学生临走前，都会亲自与他说一声："谢谢你，冯老师……幸亏有你，不然这群调皮捣蛋的孩子都不知道怎么带。"这让他感觉一切都值得。

爱的种子在他心中不断茁壮成长，闪耀着青春的光芒。大学时期，冯基开家里很困难，家人供不起他就读的计算机专业，就连一台完成作业的电脑，都要向亲戚借钱买，但因为从小的优良品德，让他们家在村里有口皆碑，亲戚朋友二话不说都借钱给他。在学校，他勤工俭学之余，也参加学生会做文艺志愿者，每次校内的大型文体活动现场，总能看得到他青春的笑脸。他还积极为校园活动争取校外资源。跑赞助是一个很挑战人的活，他没什么工作经验，跑了很多地方，吃了不少闭门羹，但他知道，自己作为学校学生会外联部副部长，再多的挑战他也责无旁贷。于是他带着团队成员，亲自到不同店铺与各个商家坦诚沟通，在他的热诚与坚持下，最终打动了不少商家。当他看到自己拉回来的赞助出现在校运会赛场时，他的内心无比激动，也很有成就感。因为这份责任他扛起来了，他也做到了。他还曾参加北京奥运会火炬传递汕头站的城市志愿服务，现场壮观的接力赛让他第一次亲身感受到国家与民族的强盛，让他无比自豪。

守望相助的青年志愿者

从汕头毕业后，哪怕他工作忙，冯基开总会抽出时间参加志愿服务，因为这是始终藏在他心里的梦。自 2016 年起工作相对稳定后，他的时间相对宽裕一些，他又投身到做志愿者的队伍中去。在各种志愿服务活动中，他的表现总能让服务对象留下深刻印象，他时常利用自身从事财务工作、熟悉电脑办公软件的优势，帮助志愿 V 站解决队伍难题。他因此受到许多志愿者骨干推崇，经过前辈潘桂开的悉心指导，他不断学习和进步，逐渐承担更多团队管理职责，同时吸引更多同龄人、影响更多有共同理念的青年志愿者加入。冯基开的努力付出，得到了大家的赞赏和认可，志愿薪火相传，他也因此被推选为西樵镇雅居乐广场志愿 V 站的站长。

在志愿 V 站内，迎面可以看到一段显眼的标语："不忘志愿初心，牢

119

记公益使命"，这是该站全体志愿者的服务宗旨和行动准则，也是他的真实志愿生涯写照。当笔者问他如何理解"不忘志愿初心，牢记公益使命"时，冯基开说："刚开始接触志愿服务那会儿，我感觉志愿初心就是做好事、帮助别人，自己有时间参与就好了。但后来，特别是加入中国共产党成为一名光荣的共产党员以后，我想的更多是我要怎样以身作则，通过不断学习，不断以人民群众对美好生活的向往、需要为出发点，时刻牢记自己的初心，哪里有需要，我们就去哪里帮忙，积极践行新时代雷锋精神。这就是为什么一直以来，我和我的团队始终坚持在扶贫助困第一线的原因。"

冯基开带领志愿 V 站团队，组织开展各类志愿服务，从最初的 10 多人逐步壮大到现在的 800 多人，就像一个大家庭。他说："刚开始的时候，人不是很多，大家每天值班上岗，如果哪一天没人报名参加，每一个成员都会不约而同地出来支援，这已经成了大家的另一个精神家园。"志愿 V 站多年在山区助学、敬老院关爱、乡村入户探访等方面细分出一些分队。当笔者问他为什么会致力于扶贫助困时，他说："因为自己淋过雨，所以特别想给别人撑把伞。"因为小时候家庭的原因，他读书的时候遇到过困难，通过亲戚的帮助最终才能上得起学。现在他想通过自己的力量献出一点爱心，在乡村振兴战略与美丽乡村建设的政策倡导下，他急村居、社区之所急，带领着团队成员一起拉开了这场扶贫接力赛。

在助学路上，有一件事让冯基开印象特别深刻。那是关于西樵镇联新社区的小花（化名）的故事——小花在单亲家庭中成长，父亲有轻微残疾，照顾她的爷爷、奶奶年龄也比较大。他带领着团队骨干第一次入户探访时，小花还是一名初中一年级的学生。初次接触，小花很是害怕，而且自尊心也很强，甚至还有意地躲起来，不肯见人。

冯基开第二次上门探访依旧耐心地和小花热情打招呼，陪伴她，与她谈心，还给她带些文具、课外书。小花逐渐敞开心扉，开始接受冯基开团队。第三次上门探访时，小花就主动地和冯基开讲起自己近期的学习情况。第四次，小花主动给每一位志愿者递上一杯水，谈起话来也不像之前那么抗拒了，越来越像朋友间的交流。这让冯基开特别欣慰，感到付出的这一切都值了。此外，小花还受到邀请参加在志愿 V 站的团建活动。如此种种温馨体贴的举动，终于解开了小花内心的不自信和对家庭的顾虑，小花的成绩也逐渐向班级中上靠拢。近期，冯基开通过定期回访计划，去小花家交流了解到，小花也考进了他高中的母校，和他做起了校友，这种缘分最终让不同起点的人殊途同归、一路向好，他衷心地希望她，能考进自己理想的大学，用知识改变命运，用勤劳改变人生，用心工作改善家庭。在冯基开坚持不懈的努力下，小花已放下心里包袱，心态也变得积极开朗了，正在读高二的她，希望进入高等学府学习更多知识，回报家乡、回报更多帮助了自己的人。通过志愿服务，冯基开不仅影响了一群人，还把爱的种子种在了一群人身上，不断发挥向上向善的力量。

冯基开（右二）在关爱家庭里开展义务维修家电志愿服务

不忘志愿初心，牢记公益使命，在扶贫助困的路上，发生了许多难忘的故事。他根据志愿 V 站的实际情况，以"授人以鱼不如授人以渔"的理念，长期结对帮扶困难青少年，每年组织助学活动，以资助助学金为主，物资捐赠为辅，为山区儿童送去爱心书包、文具、图书等物品，开展心理疏导、爱心关怀等慰问工作，至今每年结对的助学对象保持在10 人左右，在他担任志愿 V 站站长期间，链接各方资源进行捐资助学，总金额达 30 多万元，助学地点也以西樵为主、镇外为辅。同时还与西樵敬老院、南庄敬老院等4家老人院合作，每年服务老人700多人次，送关爱物资、组织文艺汇演等，定期组织志愿者到西樵镇各个村居开展入户慰问孤寡老人以及贫困、单亲、残障家庭，投身志愿V站建设，他做到了！

逐梦启航的青年志愿者

他内心那颗助人为乐的种子在不断生根发芽，在他带领志愿V站的6年时间里，形成了约40人的骨干团队，每月活跃志愿者达到80人，孵化了扶贫、党建、便民、导师、同心圆新市民、文娱等不同项目组，各个小组既以V站服务需要为中心，又独立运营，基本上每组每月开展5至8场活动。在这里，发生了许多故事。在志愿V站刚开始运营发展的时候，缺乏各种资金、物资，与服务对象建立的联系也少，但在他与团队的努力下，通过开展义卖、社区志愿活动，邀请爱心人士为结对帮扶的青少年捐资助学等，慢慢地积累了长期稳定的捐助额度。西樵镇河岗社区有一户单亲家庭，单亲妈妈和3个小朋友在极其困难的时候，得到河岗社区和冯基开所在志愿服务团队的帮助。冯基开说，经过了几次的探望和帮扶，小朋友也变乖巧了，从开始的陌生害怕到熟悉欢迎，见到了冯基开和志愿者哥哥姐姐们的到来，小朋友内心的封闭和心理压力得到释放，如同拨开云雾见阳光。如今，有的小朋友已经读完小学升读初中了。

团队发展过程中，志愿者是最宝贵的财富，但前期骨干力量不足，要让项目得以持续开展，必须要有足够的志愿者骨干参与进来，他说："关于扶贫济困，我要么不帮，要帮肯定要长期帮、帮到位，直到服务对象学有所成，出来工作。"于是，他在各种志愿活动中不断物色培养能长期坚持下来的志愿者担任骨干，通过组织各种培训、专业辅导，志愿者骨干慢慢成长起来，在他的带领下，也已经组建起了完善的团队架构。

关于志愿心愿，他说："我希望可以有更多专业人士加入我们，能够保持长期的协作关系，给社区青少年、团队骨干提供各种专业教育，譬如心理辅导、学科提升等。"从志愿 V 站建设到现在，收到的许多牌匾、奖状、锦旗，已经可以摆满一面墙了。未来，他仍将继续带领团队发挥影响力，继续吸纳志愿者骨干，完善相关的机制及制度，努力朝着更好的方向发展。

为小岛上的孤寡老人铺平坑洼路

这件与冯基开关联的爱心志愿帮扶故事，源自 2022 年 6 月中旬。那天，西樵镇平沙村的驻村社工入户走访的时候，了解到岛上有一户一个人居住的老婆婆，她既是特困，又是独居高龄长者，今年也已经 91 岁高龄了。阿婆与社工反映，家里头的门槛到门前空地的位置，总是有些坑坑洼洼、凹凸不平，由于房屋建造年代久远，当时建起来的门槛也比较高，阿婆也因此被绊倒了两次，全身伤痛。阿婆反映，希望有好心人可以帮她，把从门槛到门口的位置全部铲掉，并用水泥把坑洼填上再铺平。通过查看阿婆家的居住环境与实际情况，对于一位住在岛上的高龄长者来说，在坑坑洼洼的门槛出入，既不安全也不便利。待负责此事的马社工回到社工站后，第一时间拨通了冯基开的电话，首先向他反馈平沙村特困、独居高龄长者近期所遇到的难题，其次是想借助他的力量，动员社会各界爱心人士，一起出资、出力，将阿婆家中的障碍物铺平，解开阻碍阿婆多年的心头大石。

他了解情况后意识到这是一件事关群众居住出行所急需解决的"急难愁盼"的民生大事，而且属于特困独居长者类别，也符合志愿 V 站扶贫组的帮扶标准，便立即联系了雅居乐广场志愿 V 站的架构骨干，探讨开展帮扶行动的可行性，多次开会讨论前期可能面临的种种困难以及解决方法。还需要找到维修改造的各类物料，如水泥、沙石、施工工具等，还要考虑到各种物料运输、搬运的困难性，因为前往平沙岛的交通方式只有一种——需要搭船前往。还要联系安排专业水泥匠，他担心这块水泥地连接大路的一段在户外，万一下雨，会对改造工程造成一定影响。

123

在获得成熟的解决方案后，冯基开马上着手筹备各项准备工作，协调志愿者骨干分工合作，发动身边的至善力量志愿者，随即展开帮扶行动。

7月11日一早，已经了解自己的工作内容的志愿者，从西樵镇雅居乐广场志愿V站出发坐船，经过一个多小时，辗转到达平沙村委会，在平沙村委会工作人员与西樵镇社会工作服务站社工的带领下，大家一边了解阿婆的情况，一边齐心协力将水泥、沙石、施工工具等各种物资，整齐堆放在阿婆家门口。当冯基开和同伴们来到阿婆家里时，他先是送上了关爱慰问的爱心物资，并与阿婆用家乡话闲谈家常。通过交流，了解到阿婆的焦急心情，他连忙和现场的村委工作人员、社工、施工师傅一起制定实施方案。在场的志愿者热情高涨，大家明确了分工就开展房屋改造工作。有人负责挑水，有人帮忙搬砖头，也有人负责搬水泥、沙石，还有志愿者负责搅拌水泥浆，阿婆看到大家齐心合力帮助她，一直笑得合不拢嘴，对铺平这条坑洼路很是期待。全体志愿者不辞辛劳，在30多摄氏度的炎热天气下，轮流帮忙，哪怕大家都汗流浃背，但冯基开和同伴们都是"累并快乐着"。时间来到中午接近12点，已经顺利完成了房屋微改造，为了防止水泥面的爆裂，志愿者们留到下午2点多，还继续在现场洒水、扫水，以及二次修复水泥面。

冯基开（左三）带领大家为阿婆铺平门前路

冯基开说，关爱独居长者、奉献爱心传递温暖的活动，他每年都带领着志愿 V 站的小伙伴们一起开展，这次再次看到大家一起为社区居民做实事，他感到特别开心。特别是当阿婆家门前铺设了水泥地，降低了阿婆的出行安全隐患，构筑起一个安全的居家环境。本次改造工程结束后，当附近的村民经过时，阿婆都会向大家说起，是党和政府，还有志愿者为她解开了心头大石，而大家也都为阿婆感到高兴，不再担忧阿婆会被门槛绊倒。

冯基开（右一）带领大家为阿婆铺设了水泥地后，
阿婆现场笑得像个开心果

疫情防控二三事

作为西樵山下的青春守护人，他不忘志愿初心，牢记公益使命。2019 年 11 月，他收到了海舟社区幸福院和佛山市春晖社会工作服务中心赠送的锦旗：积善成德、感恩大爱。这是海舟社区幸福院和春晖社工中心对他以及对志愿 V 站所做的各项工作和努力付出的肯定和赞赏。2020

年 12 月，志愿 V 站与春晖服务中心联合其他服务队，为西樵镇内五保、低保、残疾、孤寡、独居、高龄、生活困难等共约 300 名居家长者，派送日历等礼品，为他们送上新年祝福。

在本职工作之余，他还兼任西樵青年志愿者协会监事长一职，他与会员一起组织策划镇内的大型活动志愿服务，包括西樵镇龙舟赛志愿服务、西樵镇樵山歌王志愿服务等，参与到各项活动的幕后工作当中。他联合了春晖、飞鸿、启沅、樵江团等社工机构，共同为社区孤寡老人或者贫困老人筹集善款、派发物资。新冠肺炎疫情暴发后，他就和团队骨干一起深入一线，引导志愿者优先就近支援，协助西樵镇人民医院和雅居乐社区等地的核酸检测点，开展疫情防控志愿服务。

在带领并管理团队的时候，冯基开承受着并不为人所知的压力。有时候，并不是所有团队成员都配合他的工作，因为各方面原因，有些成员会推卸责任，但他总是秉承"做一个快乐开心的志愿者"理念，第一时间挑起大梁，在他的协调与悉心维护下团队运行有序。即便每天都很忙，他还担任着西樵爱心慈善会秘书长一职，主要参与助学慈善活动，组织理事参与南海区慈善会等慈善团队或者单位学习，定期组织落户，回访和关爱受资助对象。根据西樵爱心慈善会的实际情况，量力而行去帮助结对的助学对象。

有一种快乐，叫助人快乐。为了更好地服务街坊市民，志愿 V 站长期安排志愿者进行轮值，V 站开放时间为上午 8∶30—10∶30，晚上 7∶00—9∶00，基本保证了每天都有志愿者在 V 站值勤，方便街坊四邻。2021 年 1 月 5 日，冯基开在"好人好事分享"活动中，富有感情地说道："当天，家强（化名）小朋友独自一人来到 V 站求助，寻找'丢失的家长'，热心志愿者立刻打电话联系其家长，同时安抚小朋友焦急的心情，V 站组长刘敏仪提供温水，让小朋友与值班志愿者一起等候家长的到来，最终家强与家人相见并回家。赠人玫瑰，手有余香。为热心的志愿者点赞！"如此简单的话语，却无形中散发出认真、细心、负责的团队工作作风。

2022 年 4 月，佛山市多地散发新冠肺炎疫情，防控形势严峻。疫情就是命令，防控就是责任。冯基开马上组织身边的志愿者，加入到流调追踪志愿服务岗位当中，同时发动大量社区青年志愿者就近支援镇内各个大规模核酸检测点。他也带头参与了多场线下核酸检测志愿服务，在服务过程中，他看到不少黄码人员在采样的过程中非常焦虑，担心因此影响到工作与生活。因此，他积极开展志愿者培训，指导志愿者们如何开导群众。核酸检测志愿服务过程中，他经常遇到一些年纪较大的市民，因为不会用手机造成排队等候时间过长的情况，他立刻协助现场志愿者开通便民协助通道，给予专业的协助与指引。许多群众得到帮助后都会向他说："太感谢你们了，给你们志愿者点赞!"这是一份非常淳朴的感谢，却温暖了和冯基开一样的许许多多社区守望者们。他认为，在协助社区开展疫情防控的同时，也是在帮助自己，帮助大家共同守护这片乡土，尽己之力，责任担当!

冯基开（左一）为居民开通核酸检测绿色通道

2022 年 5 月 15 日晚上 10 点左右，他紧急收到镇内不同村居的志愿者支援需求，当时，他立刻组织村居志愿者骨干搭棚、设置动态流线，协调安排西樵镇志愿者参与大规模核酸检测志愿服务，与此同时，他自己也在一线坚守着。当天晚上，他回复信息至凌晨 1 点多才入睡，不到几个小时之后，清晨 5 点，他又马上投入到另一场支援核酸检测志愿服务的攻坚战中。能感受到他很累，但他永远和全体志愿者一起坚持到最后。他说："我看到不少奋战在一线的村居工作人员，站着指引的时候，差点倒下来，估计是天气炎热站得太久了，我也深有体会，于是马上叫来其他小伙伴，帮忙拿凳子过来，让村居工作人员轮岗休息，我们补上去。"而他连续几天在一线值守下来，也通过几天的补眠，才慢慢恢复过来。

一群人走得更远

你们的微笑，就是我最大的回报，就是他志愿生活最真实的写照。冯基开说，能和成千上万的人一起，成为我们西樵镇的一名青年志愿者，我觉得很光荣，也很开心。在被问到如何平衡好志愿服务和工作、家庭的时间安排时，他说："提高工作效率是最关键的，只有挤出更多的空余时间，将碎片化的时间合理利用，提高利用率才能做到平衡。志愿服务这一块的工作需要将分工进一步细化，培育更多优秀志愿者骨干协助开展志愿服务，这是可行的。"

自从他担任雅居乐广场志愿 V 站的管理工作以来，他讲得最多的一句话是"在不影响正常工作、家庭、生活的前提下开展志愿服务"，但受疫情防控影响，他加了一个"健康"指标进去，这样大家才能做得更开心、更长久，走得更远。截至 2022 年 12 月，V 站有 870 多人，但九成以上都有各自的本职工作，志愿者都是抽空闲时间来开展志愿服务的。如果是一线志愿者身份，只要有时间参与就可以了，但如果是加入到 V 站的站长管理团的架构人员、骨干成员，就会多一份责任，而投入的时间与精力，也会是一线志愿者的 10 至 20 倍。对于骨干成员，他会告诉大家，根据自身的实际情况，合理分配好空闲时间，甚至要学会抽空调剂自身时间，而这也需要一定的磨合与经验探索。以冯基开为例，他本职工作是企业财务，每个月的月头、月尾比较忙，基本上都需要加班。但对于志愿服务，他一般会优先完成本职工作当中的特急事项，再压缩时间来处理其他事项。至于家庭方面，他安排每周日为家庭日，用于陪伴小朋友与家人。在志愿服务的道路上，冯基开表示最感谢的人一定是一路陪伴并给予他坚定支持的家人，特别是妻子。

在 V 站日常运作中，冯基开会带领着大家从站点周边社区挖掘需求，服务周边有需要的居民群众，随着志愿服务队伍的壮大，人才补充与完善，他会指引大家根据各项目组的特长与优势，联系村居或者需要帮扶的对象，定期定点开展服务。现在，雅居乐广场志愿 V 站孵化了六个组，分别是扶贫组、党建组、彩虹导师组、红棉便民组、灵动文娱组、同心圆新市民项目组，还有正在筹建中的垃圾分类项目组。各项目组成员都是在能力范围内，尽量配合好结对村居开展志愿服务。包括开展义剪义修义诊便民服务、助力老人"高龄认证"志愿服务、协助举办各类乡村精神文化活动等。在整个团队运转下，他以及雅居乐广场志愿 V 站的品牌和口碑越传越远。

人大代表为人民

2021 年 11 月 10 日，冯基开再一次肩挑重任履行为人民服务的职责，他获委任为佛山市南海区第十七届人民代表大会代表，这是一位公益人踏上为人民服务的宽敞参政议政之路，这会给他带来什么新的挑战吗？他在履行人大职责时，又如何兼顾志愿服务工作呢？

作为南海区人大，又担任樵华社区兼职委员，冯基开结合社区需求，以社区为阵地载体走进社区，通过参与以"问题为中心"的直联会议，了解民情，聚焦民生，服务发展，创新举措，提质增效，把党史学习教育与社区建设和群众需求有机结合，以更担当务实的履职行动展示党史学习教育成效，不断拓宽基层治理的新路径。

冯基开参加南海区第十七届人大会议

　　冯基开还动员多方资源共同做好民生工作，推进社区的共同治理，他还联合西樵镇红根大叔志愿服务队、小区楼宇志愿者，在海北太和片区、四季康城、三盛颐景园，为60岁以上行动不便的长者和困难家庭送上"贴身、贴心、周到、周全"的便民服务，让居民群众感受到社区"创熟"的温度和热度。2022年3月22日，他和樵华社区、红根大叔志愿服务队、雅居乐广场志愿V站、广东省天柱文化慈善促进会佛山孝和觉服务队等的志愿者，走访慰问社区长者，先后深入海北片区走访慰问了30户长者，为他们送上大米、面条、纸球等慰问品，以实际行动书写新时代的雷锋故事。在走访过程中，他还深入地了解居民近期的生活情况、身体状况，跟他们拉家常，听取他们的所思所盼所求，鼓励他们乐观生活。走访结束后，他更对红根大叔志愿服务队关怀老人的硬件设备配置、志愿者专业技能培训、红根大叔志愿服务队专业化的发展方向，以及深化樵华社区志愿服务的纵深发展提出了宝贵意见，帮助志愿服务队伍更专业发展。

为筑牢全民抗疫屏障，冯基开主动参与疫情防控宣传排查，与社区工作人员、党员志愿者一起，逐家逐户"敲门"，结合"敲门行动"，樵华社区推行"社区专场""爱心专车"等暖心服务。他主动放弃休息时间，与社区工作人员一起摸查疫苗接种情况，充分发挥人大代表密切联系基层群众的优势，主动下沉到社区，以实际行动当好"主动接种"的践行者、"全民接种"的宣传者、"应接尽接"的倡导者。为 60 岁以上老年人提供从家中到接种点的"点对点"陪护接送。协助填表排队、接种引导、耐心讲解，全程"一对一"照顾；协助提升辖区全人群新冠疫苗全程接种率，打通疫苗接种的"最后一公里"。

在他深入雅居乐花园小区，与社区居民面对面"零距离"共同探讨社情民意时，当有居民提出"雅居乐花园小区门外路段路灯亮度不够，灯光昏暗，存在一定的安全隐患，建议希望可以通过市政部门拿出切实方案，解决居民夜间出行安全问题"。冯基开认真聆听，对居民反映的情况逐一认真记录，在每次结束走访后，他都会把需要进一步研究的事项，与各相关部门反映、协调解决民生大事。他说，我做人大代表是希望带动大家一起建设美好社区，确保大家反馈的诉求事事有回应、件件有答复，真正做到人大代表来自人民、反映人民，为人民服务。在近一年的履职过程中，冯基开提交各类建议共 5 件，他积极尽责履行人大代表职责，尽心尽力做到答应人民群众的每一件事，是当之无愧的好代表。

冯基开的志愿寄语

多年深耕社区，冯基开早已不是一个人，他带领的团队将一如既往地与他相向同行，除了与他不断学习进步有关，还和他高尚的价值追求有关，他曾获得 2021 "至善西樵"道德人物提名奖、2019 年西樵镇优秀义工奖、2018 年度南海区杰出义工、2017 年度南海区最美志愿者、2017 年度西樵镇志愿 V 站优秀站长、西樵镇五星级义工、西樵青年志愿者协会优秀理事等荣誉。与此同时，百忙中他还会抽出时间关注人民群众的需要，担任南海区第十七届人民代表大会代表、南海志愿者学院"百队千社万人行"志愿服务导师、中共南海区西樵镇樵华社区委员会兼职委员、西樵镇雅居乐广场志愿 V 站站长、西樵青年志愿者协会监事长、西樵爱心慈善会常务理事等社会兼职。

他说，志愿 V 站的运营管理与投入，感觉就好像白手起家重新开了一家公司。他以前一个人的时候不会考虑这么多，现在大家都来加入的时候，他承担的更多的是组织责任，包括服务策略、人员调度、物资分配等。而且志愿服务的技巧性、可控性，都比公司更难管理，因此要依靠团队的初心、恒信去坚持，一日复一日地常态化开展服务。对于人才骨干这一块，他认为，要多用爱心、耐心、关心、责任心去帮助骨干志愿者。

赠人玫瑰，手留余香。他在志愿服务岗位上多年的努力，无私地为社会奉献自己一份热诚的同时，最终也得到了社会各界、群众和上级的肯定。他的最大感触是"团队的力量""我在帮助别人的同时，其实也是在帮助自己、成就自我的社会价值"，在这个过程中，他也认识了很多正能量、志同道合的志愿者好友，这群朋友无论在志愿服务协作上，还是工作生活上，都给予他很大的鼓励与建议。在 2022 年 6 月 2 日，佛山市公布五星级文明标兵户名单，他的家庭也在文明标兵榜单中。笔者认为，爱人者，人恒爱之，冯基开及他的家庭是实至名归。

扬青春，爱志愿
——阳江青年志愿者许和①的故事

"因为有爱，所以扬爱！"每年的 8 月 28 日，一群在阳江市怀着同样对志愿事业热忱的人，总会喜笑颜开、异口同声地喊出这一响亮的口号。对于他们来说，这八个字不仅仅是一个口号，更是一种信念和一种践行。自 2006 年成立以来，阳江市扬爱志愿者协会始终坚持着"因为有爱，所以扬爱"的宗旨，坚守着一份对志愿事业的热心和初心，秉承着"奉献、友爱、互助、进步"的志愿精神，用实际行动和公益践行，将温暖的善意和爱心洒满在壮丽的漠阳大地上。2022 年，这支队伍已经走过了 16 年的风雨路了，这一切的背后离不开扬爱小伙伴们的齐心协力，也离不开扬爱志愿者协会会长——许和的运筹帷幄。

早在 2006 年，许和就成为一名青年志愿者，那时的他，只是一名扬爱志愿者队的队员。"因为自己淋过雨，有人为自己撑过伞，所以总想给别人撑把伞"，他便坚持去为别人"撑伞"，积极帮助需要帮助的人。2014 年至 2022 年，这时的他，已经成为扬爱志愿者协会的会长，不只是去"撑伞"，更是去"送伞"。他开始带领扬爱走规范化、项目化、常态化、阵地化、有形化的志愿服务发展之路，吸引了众多爱心人士、热心人士加入扬爱这个大家庭。将一支创立之初仅有 11 人的小队发展成拥有超 4500 人的志愿服务队伍。16 年来，他始终用行动和坚持，努力践行

---

① 许和，阳江市扬爱志愿者协会会长，参与志愿服务 17 年，曾获"全国'学雷锋'志愿服务最美志愿者""第十二届中国青年志愿者优秀个人奖""广东省最美志愿者"等荣誉称号。

"奉献、友爱、互助、进步"志愿精神，在助学、扶老、助残、生态环保、关爱异地务工人员子女、文明宣传等志愿服务领域中积极奔走。因表现突出，许和先后荣获了阳江市优秀志愿者、十佳志愿者、五星级志愿者、广东省最美志愿者、第六届"广东省志愿服务金银铜奖"个人金奖、第十二届中国青年志愿者优秀个人、2019 年全国学雷锋志愿服务"四个 100"先进典型活动"最美志愿者"等称号。

角色转变，初心不改

"不忘初心，方得始终"，这句话很经典，经典到让大多数人难以践行。时代的步伐越来越快，虽然"初心"常常被提及，但人们却常常会忘记了当初为什么出发。许和出生于农村，父母都是憨实的农民，家庭条件比较艰苦，在成长过程中得到了邻里、亲人的不少帮助，感恩之心便自小深植心中，一股急公好义之风悄然地在他身上凝聚成型。2002 年，大学刚毕业的他，前往东莞寻找工作。在打工谋生的途中，他结识并接触到了"义工"。看着在城市中为爱无偿奔波的志愿者们，他们不畏困难，如阳光一般照射进每一位帮助对象的心房中，帮助他们解决各类"疑难杂症"。他们似不知疲倦地，脸上总是荡漾着幸福的笑容，这让许和从心里萌生出了想要加入他们的想法。没多久，许和也成为城市里义工们的身影之一。几次志愿活动下来，许和已经浅尝了做志愿服务的"甜头"了。"没想到自己一个小小的举动，就可以帮到别人，给他人以温暖和信心。"值得，是许和最深的感受，他深深地觉得，做义工/志愿者是一件幸福的事。

后来，2006 年，许和回到家乡阳江工作。第一时间，他首先去了解的不是工作，而是阳江有没有义工或志愿者组织的存在。当时，贴吧及论坛等网络平台是比较潮流的，深受年轻人的喜爱，同为年轻人的他自然也不例外。当他不断在阳江各个论坛寻找家乡当地的志愿组织信息时，恰巧，就在"阳江贴吧"上看到了一个关于成立"扬爱义工"的倡议帖子。没有丝毫犹豫，他马上就加入了该组织，成为"扬爱义工"，成为队伍的创始人之一。

"刚成立那时候，只有 11 个人。当时，大家的初心很简单，就是想为他人、为社会做一些力所能及的事情，所以大家就将扬爱的口号定为'因为有爱，所以扬爱'。"说起扬爱，许和的眼神里充满着无比坚定的使命感和自豪感。

2008 年，随着北京奥运会的举办和突如其来的汶川地震，奥运志愿者和汶川地震志愿者等各类志愿者，在互相帮助、助人自助的志愿大旗下集结，中国志愿服务事业开始蓬勃发展，扬爱义工队也乘着时代春风迅速发展。2009 年，为适应志愿服务发展新态势，扬爱义工队更名为阳江市扬爱志愿服务队，开始探索开展各类涵盖多领域的项目化、常态化志愿服务活动，如帮助山区孩子实现上学梦的"启梦行动"山区助学项目、温暖"扬爱相伴，温暖空巢"敬老服务项目、"周末儿女"关爱空巢老人项目、"阳光助残"、"图书漂流"关注留守儿童阅读项目、"我的公园我的家"环保项目。在 2011 年获得广东省珠江公益百佳优秀公益项目，2013 年获评阳江市优秀志愿项目。2015 年，又正式更名为阳江市扬爱志愿者协会，在项目化、常态化、规范化上也取得了进一步的发展。"每次更名，我们都不忘初心。我们十年如一日地关爱老人、关心贫困学生、关注残障群体等特殊群体，并与他们建立深厚的友情，有的甚至可以说，不是亲人，却胜似亲人。"许和说，一路上他收获了太多的感动和快乐。

在扬爱这支温暖的队伍发展过程中，许和也获得了成长，不仅是能力，还有身份的转变。从一名普通队员到宣传部副部长、宣传部部长、副会长，到常务副会长，再到 2014 年任扬爱志愿者协会的会长。一路走来，纵前路漫漫，荆棘重重，许和以爱为名，以行践言，既然选择走上了志愿服务之路，就从未停下过参与和开展志愿服务的脚步。

"他的业余时间，不是在参与志愿服务，就是在写志愿服务项目的策划案。他是与扬爱一起成长的老志愿队员，影响了扬爱一批又一批的队员。"从许和的队友——扬爱志愿者协会理事谭风的评价，便可看出他步履之踏实、初心之坚定、信念之崇高。

以爱为名，"浇灌"扬爱

　　扬爱16年来的发展过程，如果说是从一株稚嫩小苗成长为一棵参天大树的过程，那么许和就是那个浇灌的园丁。这16年里，许和始终用行动和坚持，带领扬爱志愿者协会忠实地践行"奉献、友爱、互助、进步"志愿精神，恪守"因为有爱，所以扬爱"的宗旨，在关爱留守儿童、长者服务、阳光助残、社区服务、生态环保、关爱异地务工人员子女、文明宣传等志愿服务领域中积极奔走，无私奉献，与时俱进，不断创新，带领扬爱志愿者协会阔步在志愿服务项目化、常态化、规范化的发展大路上。

　　按照服务领域，扬爱设立了敬老分队、环保分队、助学分队、智爱分队（助残领域）、禁毒分队、护河志愿队、社区服务分队、罂城义警扬爱分队等8支分队，并建立了阳江市首个由组织建设命名的社区志愿服务站——扬爱志愿服务站。2012年，扬爱开始"走出去"，学习借鉴珠江三角洲等地区志愿服务活动的先进经验和优秀理念，积极探索并推进志愿服务项目化发展。

　　"志愿活动项目化发展后，协会能持续关注不同领域，和不同的服务对象保持长期联系，让志愿者根据自身的意愿和长处选择不同的志愿项目，推动志愿服务朝规范化、专业化、实效化发展。"许和说，经过多年摸索，"启梦行动·精准助学"山区助学项目、"你的微心愿，我帮你实现"关爱山区留守学生项目、"周末儿女"关爱空巢老人项目、"天使之音成长路"听障儿童语言康复计划、"聆听花开的声音"结对帮扶特校服务项目、"我可以，我骄傲"阳光助残项目、"青春无毒，从我做起"禁毒宣传、"创文明城市，我是行动者"、"争当河小青，保护母亲河"等项目实现项目化、常态化、规范化，服务内容涵盖了助学义教、敬老服务、阳光助残、护河环保、文明宣传、禁毒宣传等服务领域，其中"周末儿女""天使之音成长路"项目获得全国志愿服务项目大赛铜奖、广东省"益苗计划"示范性项目，"我可以，我骄傲""启梦行动·精准助学"等项目获得省"益苗计划"重点培育项目，"我的公园我的家""聆听花开的声音"等项目获得阳江市志愿服务优秀项目。

"我们有个关爱空巢老人的项目叫'周末儿女'，主要是针对空巢老人开展各类满足他们需求的服务，受到了老人们的欢迎和喜爱。随着项目的开展，服务对象也不断增加，项目开展的资金出现了很大的压力。为了争取扶持资金让项目更好开展，许和他连续熬夜，加班加点地写项目书参加广东省'益苗计划'项目大赛。他改了一遍又一遍，连休息都顾不上。终于，功夫不负有心人，'周末儿女'项目获评为'益苗计划'的示范性项目并获得了 2 万元扶持资金。"扬爱副会长梁穆富谈起了许和为项目发展付出的汗水和努力时，甚是感慨。连日的熬夜，喜人的成果，在知道结果的那天，许和那熬夜到黑红的眼眶瞬间润湿了。

许和参与关爱社区儿童服务活动（左一）

16 年，在许和的带领下，"扬爱"从一株稚嫩的小苗成长为一棵参天大树。目前，协会注册志愿者超 4500 人，共设有 8 个服务分队，累计服务将近 20 万小时，目前定点结对帮扶的山区困境学生 44 人，听障儿童 28 人，空巢老人 10 人，敬老院两家。扬爱志愿者协会先后获得广东省志愿服务集体金奖、"益苗计划"广东省示范性组织、广东省学雷锋志愿服务最佳组织、广东新时代文明实践志愿服务百佳组织阳江市志愿服务优秀集体、第六届阳江好人特别团队奖等荣誉。

"最后一米"，因为有你

完善组织架构，推动规范化发展。在与扬爱共同成长的过程中，许和认识到，要想队伍发展壮大，就要凝聚更多的志愿者、爱心资源等；要想更好地服务社会、服务他人，就要完善组织架构，加强组织的管理，推动组织规范化发展。为此，许和积极参加团阳江市委组织的志愿者骨干培训，争取机会参加团省委组织的志愿骨干培训，并参加广东省志愿服务领军人才的培训。此外，许和还经常带领团队骨干"走出去"，先后到广州、深圳、东莞、中山、珠海、江门和茂名等地，去参观学习其他先进组织的管理经验和做法。

星光不问赶路人，汗水不负辛勤功。经过一系列的培训和"走出去"学习，许和和扬爱的骨干团队都增长了知识、革新了理念、创新了做法，建立了完善的组织架构，健全了志愿服务队章程和队员守则等，塑造了一支"有激情、有大爱、很活跃、能坚持"的志愿者队伍，让扬爱志愿者协会成为阳江市第一个建立完善组织架构的民间志愿组织。设有会长、副会长、财务部、人力资源部（会员部）、宣传部、项目部、综合管理部等管理部门，以及按照服务领域设立了敬老分队、环保分队、助学分队、智爱分队（助残领域）、禁毒分队、护河志愿队、社区服务分队、鼍城义警扬爱分队等8支分队的扬爱志愿者协会，活跃在助学、敬老、助残、环保、科普宣传、临时求助等多个志愿服务领域，更好地推进了阳江市的志愿服务活动开展。

"经过多年的发展，扬爱的管理不断完善，形成了一套相对完善的机制，很多志愿活动实现了项目化。我们会每年制订年度计划，每次活动后会总结复盘。每一次的活动，我们都会反复推敲每一细节，力争做到扎实。"许和说，扬爱志愿者协会完善了组织架构，规范了组织管理，实现了健康和可持续的发展，提升了志愿服务的实效，受到了众多志愿者的欢迎，真真切切地帮助到了更多的人。

为了更好引领青年团员参与志愿服务，发挥青年志愿者在志愿服务的青春力量，2017年扬爱志愿者协会积极筹备成立团支部，在共青团阳江市委员会的领导和指导下，正式入驻智慧团建，成立了"阳江市扬爱志愿者协会团支部"，现有团员11人，团员志愿者在各个领域志愿服务中发挥了模范带头作用，特别是在疫情防控期间，团员志愿者参与协助疫情防控、复工复学、大规模核酸检测等服务共35人次，让团旗高高飘扬在疫情防控志愿服务一线上。建立社区志愿服务站，推动志愿服务阵地化。2019年1月17日，习近平总书记在天津和平区新兴街朝阳里社区为社区志愿者服务组织点赞，称赞志愿者们是社会的前行者和引领者。这在扬爱志愿者协会里引起了热烈反响，也给予了许和无限的鼓励和鞭策。

如何更好地服务社区，打通服务群众的"最后一米"。对于这个问题，许和积极地寻找解题之道。许和说，作为一名志愿组织的负责人，应该带领志愿者积极参与社区综合治理服务中来，以周到的服务、饱满的热情、无私的爱心，去服务社区综合治理和解决居民群众贴切的需求。他不断地上网查阅相关资料，请教相关经验人士、专家等，积极探索志愿服务模式的发展。"要服务社区，必须要有服务阵地。"许和找到了解题之道，他提出了一个大胆的想法——建设社区志愿服务站。对于一个民间志愿组织来说，建设一个社区志愿服务站，谈何容易。当许和在协会的骨干例会上提出自己设想和计划时，很多骨干成员并不赞同。不赞同的原因，主要有二：一是建设服务站需要较大的资金；二是建设服务站需要大量的人力来运营服务。这两个最基本的条件，缺一不可。

"干！"许和坚定地说，"没有阵地，我们怎么打通服务社区、服务群众的'最后一米'？"说干就干，许和开始为建设社区服务站四处奔波：写建设方案，提出服务站建设理念和运营模式；跑主管部门团市委，积极争取项目资金扶持和政策支持；跑爱心企业，争取社会资金支持……在团市委的指导和扶持下，经过不断的努力，在爱心企业广东华铠实业有限公司支持下，许和和他的团队得以在江城区城北街道银湾社区繁华的君怡商业广场旁建立了首个以志愿组织命名的社区志愿服务站——"扬爱志愿服务站"，在 2020 年 5 月开始试运营，9 月 11 日正式揭牌并投入使用。服务站内设置了阅读区、交流区、咨询区、休息区、寄托区、志愿者注册区等区域，服务功能比较完善，可以免费向市民提供手机充电、饮水、休息、咨询、阅读、急救医药箱、志愿者注册、咨询服务、长者服务等一系列服务，实现了扬爱志愿服务有形化、实体化，让志愿服务进一步向基层延伸，创新了形式，打通服务群众的"最后一米"。

有了服务阵地，许和开始围绕服务社区这一从始而终的中心工作"大搞文章"。为了了解和服务好社区居民群众，服务站制定了相应的管理制度、开放服务时间、志愿者服务培训制度、志愿者服务守则、服务台账等，同时编排好服务站开放服务的时间，通过公开招募的方式招募志愿者分四个时间段轮班值日服务，通过以制度化促进服务站开放服务实效性。自 2020 年 5 月开始试运营开放服务以来，累计开放服务居民群众时间 10800 余小时，帮助群众解决咨询问路、借伞、志愿者注册、服务休息、帮助迷失老人回家、手机充电、饮水等需求约 1500 个（次），获得了居民群众的一致好评，并帮助 560 名群众成功注册成为志愿者，让志愿精神传遍社区。

除了开展居民群众日常需求服务外，许和与扬爱骨干团队积极探讨"服务阵地 + 服务项目"的服务模式，结合社区居民群众的不同需求点，以项目化落地，服务社区居民群众各方面的需求。通过落地不同的服务项目，为居民群众办实事、做好事，提升社区居民群众的获得感、幸福感。如针对外来务工子弟开设了"托管服务"，为假期忙于上班无暇照看孩子的外来务工人员解决后顾之忧；基于"双减"政策环境下，开设了"四点半课堂"，通过趣味伴读、故事会、文化沙龙、演讲小天使等形式的活动，丰富了社区孩子的"第二课堂"，让孩子在增长课外知识的同时享受快乐、趣味、有益的童年时光；基于居民群众在禁毒、反诈、疫情防控、减灾防灾、安全防范等方面知识技巧不足、意识薄弱等问题，设计了"街坊节"青年志愿者服务社区行动志愿项目，通过定期在社区开展活动，通过知识展板、有奖问答、游戏体验、派发宣传资料等丰富多元的形式，向广大居民群众普及禁毒、反诈、疫情防控、垃圾分类、安全防范、邻里相处、文明家风等相关知识，不断丰富强化居民群众的知识面和意识。除了向社区居民群众普及各类知识和技能，"街坊节"项目还为居民群众提供小家电维修、免费理发等方面的服务，受到了社区居民群众的热烈欢迎和强烈认可。

许和（左一）为社区居民群众宣讲反诈骗知识

"街坊节"青年志愿者服务社区行动项目是最受欢迎的，"街坊节"已然成为银湾社区居民群众口口相传的品牌活动。自 2021 年 6 月开始启动，固定时间在银湾社区各小区开展，至今已经开展了 30 期活动。每逢月头、月中和月尾，"今天是 15 号，小区广场是不是有'街坊节'呢?"之类的话总是传在街坊的口中，这些已经成为银湾社区居民朋友之间的问候招呼语了。"志愿者为我们普及垃圾分类、防诈反诈、邻里相处等知识，这样的活动既增进了我们对各类知识的了解，还有利于促进邻里之间文明和谐相处，能很好地带动居民参与服务社区、服务邻里，希望以后多开展类似的活动!"家住银湾社区锦绣江南小区的一名大叔说。"我住在银湾社区君怡广场，我孩子今年读八年级，一直以来都想带孩子参与志愿服务实践，现在家门口有了志愿服务站，我们参与志愿服务实践就更方便了。"家住银湾社区君怡广场的李女士说。"以前对毒品了解不多，缺少防范诈骗有关知识。现在好了，志愿者基本每周都会在我们小区的小广场开展'街坊节'活动，向我们宣讲各种知识，志愿者很热情、很耐心，积极向我们传授各种知识和技能。上次，还上门给我家修好了抽油烟机，给我解决一个'大麻烦'，很开心。真诚希望志愿者们常来开展'街坊节'活动。"在新平花园居住的张阿姨，已经习惯了"街坊节"活动。在她眼里，这样传递温暖、传递关爱、传播文明和正能量的活动，是可以带动社区居民群众参与志愿服务活动、传播正能量，是有利于促进社区文明的。

"扬爱的成长，离不开主管部门团市委的指导和扶持，也离不开爱心企业的支持。他们，都是我们最坚强的后盾。"许和说。"以服务站为平台，将服务百姓群众的事情做得更具体、更细致，也希望能通过这个站点，带动更多市民群众参与志愿服务，利用这个平台做更多的事情，继续优化升级一些项目，回应社会热点和群众需求，做更多力所能及的服务。"这是扬爱志愿者协会的愿景和目标，也是许和的心愿和目标。服务站运营开放以来，经常有群众上门了解志愿活动情况，并且注册成为志愿者。单是从 2020 年 9 月至 2022 年 10 月，近两年的时间，在扬爱志愿者协会注册成为志愿者的人数就从 2200 多人增加到了 3668 人。

"知心哥哥"和"孝顺儿子"

"知心哥哥，真的很感谢你陪伴我们！"稚嫩的童音，感激的是许和和扬爱志愿者们长期以来的无私奉献和默默陪伴。作为"启梦行动·精准助学"山区助学项目的主要负责成员之一，许和从最初到山区学校罗迈小学、运动小学探访和调查核实情况，到目前对罗迈小学、运动小学开展了 21 期定点助学活动。从"播撒爱的种子"到"秋天的收获"，从"童话的世界"到"身边的科学"，21 期的主题学校助学活动，他从未落下一期。为了更好地管理和跟踪服务，让贫困学生得到更好的成长和学习，他"下苦功"，花精力探访和调查核实特困生的资料；他"做实功"，在掌握清楚情况后，许和与"启梦行动"主要负责成员商量，决定对"一对一"帮扶的贫困学生采取利于管理和服务的按地域划分片区管理方法，每个片区落实 3 名负责人，助力孩子健康成长。

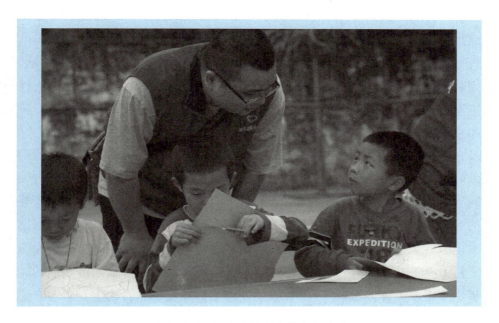

许和（后一）与山区留守学生在互动

"亲爱的哥哥姐姐，谢谢你们每学期的到来，陪伴我们度过美好的时光……"2019 年，许和收到了来自阳春市双滘镇中心小学运动分校即将离校的三年级学生的感谢信和视频。该学校是扬爱"启梦行动·精准助学"项目定点结对服务的山区小学之一。从 2009 年开始，每个学期扬爱志愿者都会到该校开展不同主题的课外课堂支教活动。除了送去体育和学习用品，志愿者还和同学们开展趣味互动游戏、共享营养午餐等活动。该校没有设立四至六年级，完成三年级的学业后，孩子们就得离校，离开扬爱志愿者们的陪伴，这是多么的不舍啊。当年 9 月，就读三年级的 6 名学生即将升学。想到不能再见到熟悉的哥哥姐姐，6 名学生拿起了笔，写下对扬爱志愿者的感谢与不舍。赠人玫瑰，手留余香。许和说，每当这种时候，他都特别能体会到付出的价值。"有许多曾经受到帮助的人，在摆脱困境之后，又会竭尽全力去帮助他人，这是我感到做志愿最值得的地方。"

"老人是弱势群体，尤其是一些孤寡老人特别需要帮助。"经常走街串巷探望孤寡老人的许和也特别注重对老人家的服务帮助，16 年里，他参与关爱服务老人的活动不少于 80 次，服务老人超 300 人次。在敬老服务中，许和与扬爱定点服务的服务对象都已经成为亲人般的存在，甚至成为"家人"。周婆婆是独居老人，也是许和经常上门探望的老人之一，打扫卫生、洗衣做饭……他一有闲暇时间就会去照顾周婆婆的起居生活，周婆婆也常常把许和挂在嘴边。有一次，他因为忙便安排其他队员去探望周婆婆，临近中午，饭菜都已经端到桌子上了，没想到周婆婆非要等他来了才肯动筷。在服务空巢老人过程中，许和与服务对象就像一家人，92 岁的谭老伯有一次知道志愿者要来与他们进行一次欢乐聚餐，已提前炖好了猪蹄。"今天我来做饭，让你们尝尝我的手艺，我年轻时也做过大厨呢。"谭老伯边挑选食材边对志愿者说。回到家，经过一阵忙活，丰盛的五菜一汤呈现在眼前。谭老伯拿出珍藏了两年的自制药材酒，与志愿者把酒言欢。"帮解决家中大小事，送米送油，陪我们吃饭唠嗑……谢谢你们 10 年来的关心和照顾，让我感受到有儿女相陪的幸福，给我们的晚年生活增添了许多快乐。"借着酒劲，谭老伯握住志愿者的手，感谢志愿者对他和老伴的关怀。

"一滴水只有放进大海里才永远不会干涸，一个人只有当他把自己和集体事业融合在一起的时候才能最有力量。"参加志愿者这 16 年来，无论是山区助学，还是关爱老人，抑或是在扶残助残、生态环保、文明宣传、禁毒宣传等志愿服务里，都少不了许和那活跃的身影，他累计参加的服务活动远超 600 场次，累计服务时数已达 5000 多个小时。

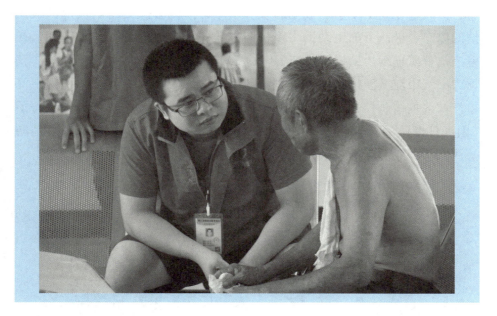

许和（左一）在陪伴老人拉家常

志愿服务当先锋，疫情防控冲在前

2020 年春节，新冠肺炎疫情汹涌来袭。"疫情就是命令，防控就是责任。"面对疫情防控严峻的形势，扬爱志愿者协会积极响应共青团阳江市委员会号召，迅速组建了由 68 名志愿者组成的阳江青年战疫志愿突击队扬爱分队，其中 20～40 岁的志愿者 46 名。在这场看不见硝烟的战斗中，许和带领扬爱志愿者协会成为阳江市最早下沉社区参与协助疫情防控工作的民间志愿组织。

在 2020 年 2 月 8 日迅速投入疫情防控阻击战后，扬爱战疫志愿者们响亮地喊出"志愿服务当先锋、疫情防控是逆行者"的口号，抗疫前行，迎疫而上。扬爱分队的突击队员，一样不少给每个来访出入的居民服务。从 2 月 8 日下沉江城区城南街道三铺社区协助疫情工作，到转战南恩街道的多个社区，再到高速卡点设哨，无论是入户排查登记，还是体温测量，抑或是在复工复学、战疫助农等领域，扬爱分队突击队员都以最热情的姿态、最认真的干劲助力疫情防控工作的顺利开展。这一期间，扬爱突击分队连续协助疫情防控工作约30天，共有356人次积极参加，获评为阳江市江城区疫情防控先进集体，分队的一名志愿者还被评为阳江市江城区疫情防控先进个人，扬爱分队和分队志愿者的战疫事迹获得了《阳江日报》的多次报道。这支青年战疫志愿突击队，为阳江市的疫情防控注入了一股温暖的力量，构筑起了一道有力阻击疫情的钢铁长城。

许和（右一）在核酸检测点指引填写资料

"疫情防控，青年志愿者义不容辞，只要群众需要，我们就能上，就敢上，就要上。"许和说。在2021年到2022年期间，许和带领扬爱志愿者积极参与疫苗接种服务和大规模核酸检测服务，最长服务时间持续了28天，涌现了一大批积极的青年志愿者。2022年3月，在阳江江城"0309"疫情防控战中，许和组织扬爱战疫青年志愿者突击队的志愿者们第一时间响应团号召，在做好个人防护的前提下，进入到管控区和防范区参与到"疫"线服务工作中，为疫情防控贡献了积极的青春力量。

因为有爱，毅然前行

从 2006 年到 2022 年，16 年如一日，许和始终坚持在做志愿服务。从关爱留守儿童到服务空巢老人，从志愿助残到环保禁毒，从文明实践到社区服务，只要有时间，他都积极参与志愿服务活动。他用自己的身体力行，完美地诠释了新时代的青年志愿者应有的精神和担当。

2007 年无偿献血日，许和发动队员宣传无偿献血，这是他第一次正式参与志愿服务活动。而早在 2002 年，许和就开始参与无偿献血活动，先后 23 次无偿献血达到 10000 多毫升，捐献血小板 3 次。"能尽自己的微薄之力帮助一些人是人生中最幸福、最快乐的事情。既然献血无损身体健康，还可以救死扶伤，又何必吝啬自己的血液！"这是一种多么无私的爱啊。正因为如此，许和一次次地踏上了无偿献血车。他连续获得了省无偿献血奉献铜奖、全国无偿献血奉献铜奖等荣誉称号。但由于在 2016 年 8 月突患重疾，做过心血管手术，手术后由于身体原因不能再参加无偿献血，但是许和却从未停下对无偿献血的宣传，仍然积极参与各类无偿献血的宣传活动，积极带领志愿者在"三献"中去服务大众，传递爱心。

许和（右一）带领青年志愿者观看习近平总书记在庆祝共青团成立 100 周年大会发表重要讲话

"作为一名青年志愿者、志愿组织的负责人，我将坚定理想信念，恪守志愿初心，弘扬志愿者精神，围绕乡村振兴、生态文明、疫情防控、护河治水、阳光助残、社区服务、长者服务等中心任务，创新志愿服务项目、志愿服务形式，带领协会广大青年志愿者广泛开展切实解决群众实际需求的志愿服务活动，尽自己所能去服务社会、服务他人，为群众多办实事、解难事。用志愿者的身体力行践行'青春心向党，建功新时代'的青春誓言。"

　　扬爱志愿者协会的队友们都这样评价许和："他是一个有爱心和责任心的人，无论是在任何服务活动，你都能看到他默默付出的身影；无论是谁，身处何地，只要有困难，就去找他，他都会竭尽全力给予帮助。"这就是许和，许和就是这样的人，16年如一日，乐于助人，以自己的行为服务着他人、感动着他人、温暖着他人。因为有爱，毅然前行；因为有爱，所以扬爱。

"草台班子"舞出的坚韧力量

——惠州青年志愿者张燕玲①与团队的故事

  张燕玲的身上有很多身份，她是惠东县爱心群志愿者协会秘书长、爱心群社会工作服务中心总干事、志愿者联合会会长、妇联专家库志愿者、公安交警大队特聘宣讲员、大岭街道办妇联兼职副主席、惠州市青联委员、公安部特聘驻惠东拘留所志愿监督员……如此多的身份，每一种都离不开她的志愿理念。

  11 年来，她经历了从青年志愿者到专业社会工作者的蜕变，成为公益事业发展的生力军和领航者，与公益同伴合力将"爱心群"发展成为拥有 6246 名志愿者、累积服务时长达 721446 小时规模的团队。11 年来，张燕玲对工作长期保持专业、敬业的态度，连续几个月无休日、一天跑 3 个乡镇、加班到深夜是常态，志愿服务时数达 12000 小时。而这一切都源于她对志愿服务的初心和热爱。

敬老萌初心，开启公益之路

  张燕玲还记得，第一次参加志愿服务是在 2011 年，去敬老院慰问孤寡老人。那一天，她多带了一个小东西，果不其然，这个小东西起到了

---

  ① 张燕玲，惠州市惠东县志愿者联合会会长，惠东县爱心群志愿者协会秘书长，志愿服务时数约 12000 小时，积极参与公益宣讲、关爱青少年等志愿服务，曾获"全国向上向善好青年""广东省最美志愿者"等荣誉。

大作用。

　　原来，从 9 岁开始一直留守在家，和老人们一起生活的她，清楚地知道老人家修剪脚指甲的不易，于是她出发之前带上了指甲钳。脚指甲这一细微之处是敬老院内所有老人的难言之痛。有的老人由于指甲长期没有修剪，已深深地嵌进肉里；有的老人灰指甲十分严重，趾甲像座厚厚的松塔立在脚趾上。她看着一屋的老人家，不禁想到了老家的爷爷奶奶。她帮助老人家脱鞋，一下午时间都坐在小凳子上，认真仔细地为他们修剪脚指甲。语言的不通并不影响她与老人之间的交流，"阿妹好，这个阿妹棒！"从老人家面上的笑容，不难看出他们的喜悦之情。

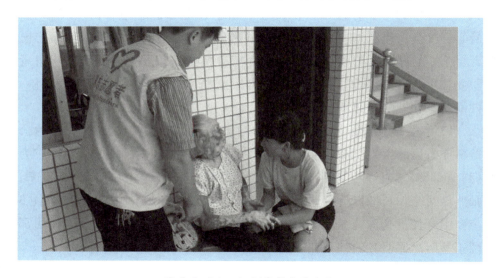

张燕玲（右一）探访敬老院老人

　　这一次的公益体验，令她感触尤深，由此开启了她的公益之路。她发现，原来两个没有血缘关系的人，彼此之间同样可以有羁绊。自此之后，她便经常去参加志愿服务。漂泊异乡的她，选择了在惠东落地生根，并且与他人建立了"西子爱心群"，并渐渐变得小有名气。"西子爱心群"会接到各方的求助：白血病患儿小利祺和小玉珊、烧伤小孩何家辉、双性人"莹莹"等等，这些成功救助的事迹在社会泛起了一波波涟漪，越来越多求助的小手向他们伸来，张燕玲也很明显感觉到了个人力量的局限性。

如何扩大队伍，如何调动社会各界的帮扶力量，去帮助更多需要紧急帮助的人，是张燕玲当时的迫切需求。而在不断助人的过程中，这个热心肠的姑娘逐渐感悟了"志愿服务不是单纯服务个人，而是要服务家庭、服务群体、服务社区、服务社会，而且要专业"的公益理念。

毅然辞职，成为一名公益专职人员

2013 年，张燕玲与同伴决定正式成立惠东县爱心群志愿者协会，用团队的力量去践行公益理念。最初，这只是一个由三位有爱心、有热情的年轻人搭建的公益平台。同伴之间经常自嘲是个"草台班子"，办公场地设在美食广场顶楼的一个不足 6 平方米的小铁皮房，办公设备是爱心人士捐献的二手物品。而放弃了本身工作，没有领取劳动报酬就投入到协会管理中的她，常常被人笑称"为爱发电"。协会成立的那一年正是众多社会组织，特别是慈善公益类组织面临运作困难的瓶颈期，更多时候是靠她与同伴自己掏腰包开展志愿服务。

"政府向民间购买服务当时还处于探索状态，我们陷入了缺资金、缺经验、缺人才的艰难境地。"为了解决这些燃眉之急，她开始了探索持续化和规范化的发展道路。成立志愿者协会的第二年，她打造运营了文明交通指挥志愿服务项目，她本人也亲自上阵站岗，当时很多人觉得在路边做志愿者难为情，见到熟人还会遮遮掩掩去回避。她偏偏要破除这样的思想，"做志愿者就是要觉得光荣才对的嘛！"在她的带动下，越来越多人加入到文明交通岗位上，不知不觉该项目已运作 8 年，每逢周一、三、五下午交通繁忙时段，市民总会看到志愿者在灯控路口指挥交通，在她的指导和带领下，在所有志愿者共同努力下，不文明交通行为越来越少见，车辆礼让行人、行人遵章守法蔚然成风，市民出行更加安心。他们的项目被评为"惠州市志愿服务优秀项目""2020 年度惠州市学雷锋志愿服务先进典型最佳志愿服务项目"。不仅如此，每年的春运期间，她还组织带领着志愿者在惠东县汽车客运站、惠东县城南客运站提供信息咨询、免费热茶、安检协助、秩序维护、搬运行李等服务，为维持春运秩序提供了保障，为旅客返乡保驾护航，展示了惠东的文明风采。

　　燕姐是张燕玲在慰问特困家庭的过程中认识的一位单亲妈妈。燕姐独自养育着三个孩子，生活虽窘迫，但却从来不会失去对未来的希望。张燕玲每次见到燕姐，燕姐的脸上总是带着笑容。张燕玲链接了一位爱心人士的帮扶，从 2013 年到 2019 年每月资助 300 元给燕姐的家庭，并经常邀请他们一家去公园参加聚餐，每周末都上门为燕姐的小儿子辅导学习，还链接了少年宫的兴趣班资源，让燕姐的孩子能像其他孩子一样学画画、打篮球等。张燕玲想，像燕姐这样的家庭还有许多，简单的慰问帮扶不足以解决这些家庭的窘境，"授人以鱼不如授人以渔"的道理在公益领域显得尤为重要。于是，张燕玲策划实施了"护蕾计划"关爱单亲特困家庭项目，并在共青团惠东县委员会的推荐下参与了"益苗计划"广东省志愿服务项目大赛，成功晋级并获得 1 万元的资金，这是爱心群公益团队第一次得到正式的官方资金的支持。她利用这一笔资金为惠东县 8 户单亲特困家庭进行经济补助和就业指导，为这些家庭的小孩子提供每月两次的心理辅导和每周一次的学业辅导。这一次的经历大大地鼓励了她，在这之后她成立了"护蕾之家"，跑遍了兴趣培训机构，虽然吃到了不少"闭门羹"，但她没有气馁，最终用诚意和爱心打动了部分机构，说服他们免费为单亲特困家庭的小朋友提供跆拳道和舞蹈培训，尽可能让孩子们有一个多彩的童年，在德智体美方面得到均衡发展。

聚沙成塔，活跃在最需要的地方

　　"近期，长沙自建房倒塌的新闻，同学们都看了吗？其中，第 9 名幸存者在被困了 88 个小时后成功获救，远远超过 72 小时的黄金救援期，她成了现场救援人员口中的'生命奇迹'。那么，她是怎么活下来的？我们来看看她教科书般的自救操作。"在中学内，同学们认真地睁着双眼盯着屏幕。讲台前，面容姣好、小巧玲珑的张燕玲成功捕获了学生们的好奇心，声情并茂地开始"青少年安全自护教育宣讲"。虽然不是专职教师，但这样的宣讲却已经有 500 多次了，已经成为她志愿服务的常态。

2014 年在县城道路上的一场车祸，造成两人重伤一人死亡，肇事者是一名还差 10 多天才满 14 岁的青少年，他当时无证驾驶无牌摩托车，超速行驶撞击前车而造成这让亲者哀痛、事主悔恨的事故。在这场因青少年飙车而酿成的惨祸中死亡的女人，正是张燕玲的亲婶婶。她强忍哀伤亲自处理后事，在殡仪馆整理亡者仪容时，她萌发了要进学校宣传交通安全知识的强烈欲望。她认为只是劝导远远不够，事前的预防更加重要，也更为有效。她和会长李乾国主动找到了当时县公安交警大队的分管领导，将想要进学校宣传交通安全知识的想法尽数说出，这与对方不谋而合，于是在县公安交警大队的大力支持下，她率队组建一支文明交通宣传志愿服务队。

张燕玲进校园开展交通安全宣传

在几年间，他们走进惠东县 17 个乡镇街道、240 多所中小学校、30 多个社区，一年有 200 天都奔忙于各所学校之间，有时一天要跑七八十里，但她从不觉得累，孜孜不倦只为向广大青少年普及交通安全知识。而这些知识，将由青少年带回到各自家庭中，去影响千家万户。在这之后，她先后组建了禁毒宣传志愿服务队、普法志愿服务队、反邪教志愿服务队，至今已开展 500 余场法治宣传教育，百灵鸟般的声音传遍惠东的各个角落。她让普法更加贴近实际生活，使其充满"泥土的芬芳"，引导广大群众知法、懂法、守法、用法，为预防和减少违法犯罪贡献一份力量。而她本人也被共青团惠州市委员会聘为惠州市共青团宣讲团讲师，被惠东县交警大队特聘为交通安全宣讲员，被惠东县慈善总会聘为惠东县公益慈善文化宣讲员。她的身上又多了一些不同的身份，每一种都闪耀着"奉献、友爱、互助、进步"的志愿精神。

张燕玲（右一）进场所开展禁毒宣传

2015 年，张燕玲开始了探索"社工＋志愿者"服务模式的尝试，建立了惠东县爱心群社会工作服务中心，希望能完善服务团队架构，引入社会工作人才，优化志愿服务项目的运作模式和专业程度，起到反哺志愿服务的作用。同年她主动参加广东省民政厅举办的广东省培育发展社会组织专项赛，为团队赢得了 30 万元的运作资金，同年获得县级扶持资金 10 万元。得益于政府对社会组织的重视扶持和良好的发展环境，这一年团队的发展实现了大跳跃，打开了惠东县爱心群公益团队发展的新局面，他们不再是"草台班子"，有了规范的场地和设备，有了充足资金去开展服务。

从当初成立的 3 个人发展到现在的 6246 名志愿者，平均每年实施 20 个服务项目、组织 300 多场社区志愿服务，提供涵盖老人、妇女、儿童、青少年、职工等人群与文明交通、社区矫正、法制宣传、社区建设、环境保护、美丽乡村、应急救灾等领域的多元化专业服务，她带领的团队已经成为惠东本土最为活跃的公益组织之一。"公益不是一个人做了很多，而是大多数人多做了一点点。"张燕玲感慨道，"当有人需要帮助时，大家搭把手、出份力，社会将变得更加美好。"习近平总书记的一席话正是张燕玲深深认可并坚定贯彻的价值观，现在越来越多的人主动加入到志愿者的行列中，把志愿服务当成一项高尚的事业和一种追寻幸福的生活方式。这些越来越多的"一点点"可以让公益事业、志愿服务事业更上一层楼。

使命在肩，写好公益"答卷"

唯有热爱，方能执着；唯有投入，方得认可。张燕玲和她的公益团队凝心聚力、执着追求，坚持为居民做好事、办实事、解难事，在志愿服务中逐渐得到了居民的信任和爱戴。在惠东多次灾害事件中她和她的团队都冲在第一线。2013 年惠东发生"8·16"水灾，她组织了 50 多名志愿者，分三次把募集到的价值 16 万余元的救灾物资送到灾民手里，帮助他们渡过难关，积极参与灾后重建工作，并利用自身所学专业知识，针对受灾群众出现的焦虑开展心理辅导。2015 年"2·5"惠东县义乌商品城火灾事故，她所在的团队协助进行群众疏导工作，她作为志愿者领队负责安抚被困人员家属。当时被困者家属情绪都十分激动和焦急，时不时发生推搡和口角，情急时张燕玲冲上去挡在中间去劝导，并缓和紧张气氛。她在现场通宵守候，时不时地为家属送上水和干粮，为他们擦拭泪水，用她的温情守候着这个无眠的夜晚。

张燕玲（右一）为受灾群众进行心理辅导

　　2018 年惠东发生"8·29"水灾，全县内涝积水严重，多地交通、通信、供电一度中断。面对罕见的强降雨，张燕玲带领着一群应急志愿者转移被困群众，从被积水所困的房屋中背出 90 多岁的老奶奶，协助转运救援物资，并募集了价值十余万元的救灾物资送到受灾严重的村庄，她所带领的团队被县委、县政府授予"无私援助见真情，危急时刻伸援手"锦旗。张燕玲还清楚记得受灾期间的一个晚上，她们的团队正在白花高速路口协助民政部门搬运救灾物资。突然她接到一条消息，附近一名孕妇羊水已破即将生产，情况紧急，必须马上送去医院，但因她们所在的路口是转运站，道路不通，没有车辆，骤时陷入困境，家属和孕妇都十分焦虑。当张燕玲团队赶到时，看着躺在路边即将临盆的孕妇，她一边安抚孕妇，一边紧急多方联系医疗资源和应急救援力量，顺利将孕妇安全转运上车，送往惠东县人民医院生产。第二天上午，被各方爱心护送的妈妈在医院生下一个9斤重的女宝宝，新手妈妈还特意致电报平安。

自2020年新冠肺炎疫情暴发以来，张燕玲积极投身疫情防控工作。她在江西老家链接多方资源，给在社区隔离期间未有条件戴口罩的小区居民无偿提供200个口罩，在小区卡口严守。并主动报名参加了玉山团县委组织的玉山南站高铁站疫情防控志愿服务，对乘高铁来玉山的人员进行劝返、协助测量体温、引导登记。回到惠东后，她组织超过300场疫情防控志愿服务，身先士卒带领上万人次的志愿者投入到防疫宣传、社区排查、电话排查、高速路口排查、疫苗接种、大规模核酸检测、物资配送等疫情防控工作中，为抗击疫情筑起志愿长城，配合卫生医疗、公安部门落实科学防范和控制，减少了人民生命财产的损失。

一开始，张燕玲其实是很紧张的，不知道疫情传染性会有多强，也不知道后果如何。在开展志愿服务时不敢大意，叮嘱志愿者随时做好基本的防护性消毒，但是当团队跟着政府日复一日地战疫，她越来越感觉到一股底气和信心。抗疫路上遇到不少热心群众以各种方式表达着深情厚意。2020年2月的一晚，广惠高速白花出口防控点的志愿者结束了一天的志愿工作，照常乘坐网约车回家，交谈间得知了志愿者的身份后，网约车司机默不作声地取消了此次行程订单，免费接送志愿者回家。电视情节发生在现实中，志愿者都很感动，想为司机拍照发到工作群分享表扬，却被司机婉拒了。正是有了这一位位时刻牵挂着抗疫一线人员的普通群众，让坚守岗位的志愿者更加坚定了抗疫的信心。疫情期间张燕玲与她的团队仍组织12000余人次志愿者常态化开展疫苗接种、核酸检测、场所码宣导等志愿服务，在疫情形势严峻时负责物资配送、卡口值守、大规模核酸检测的志愿任务。2022年春节，惠东县东华路出现一例确诊案例，张燕玲与她的团队从年初二到元宵节，这14天日夜守候在管控区、大规模核酸检测点，每天都有上百名志愿者抗疫，共2069人次志愿者全力投入到惠东县疫情防控工作中。每一次的艰难时刻，总有张燕玲和她的团队冲锋在前，有一分热，发一分光。这些光和热，汇聚成抗击疫情的磅礴力量，筑牢疫情防控的坚强堡垒，守护着惠东群众的健康安全。

用专业砌起群众的"幸福加油站"

"社区是由很多个家庭组成，做社区服务就是做家庭服务。"但真正想深入社区，想做家庭服务，也面临着诸多困难和挑战，居民关系疏远，人员复杂，戒备心强……身为母亲的张燕玲在过往志愿服务中早已关注到一些特殊青少年的存在。在2016年一次慰问活动中，她发现白花镇很多青少年由于父母涉毒、死亡或入狱，大部分处于自卑、沉默、自闭的状态。这紧紧牵动着她的心，为呵护这一帮孩子们的健康成长，她积极设计"守护蓝精灵"关爱白花镇服刑人员子女计划，链接各方社会资源，组织进行不定期的探访，形成一个常态化的关爱机制，为这帮孩子争取了7万元的服务经费，争取到一批优质的社工、心理咨询师资源，共同为孩子们的身心健康成长发力。"守护蓝精灵"计划获得了惠州市共建共治共享社会治理创新十大项目大赛三等奖，为惠东县后来实施的"土壤改良计划""向日葵工程"开创了社会力量关注服刑人员子女群体的先河。自此，她多次创新策划社会服务项目，专门为单亲家庭子女、涉毒家庭子女、留守儿童、外来务工人员子女设计关爱计划，引导孩子们的人生走上正轨。她是孩子们的"知心姐姐"，一直保持着与他们联系，至今她仍时不时收到他们发来的关于烦恼的心事、关于生活趣事的分享……令她感到欣慰的是，她辅导过的青少年心怀感恩，积极生活，有的曾多次跟随团县委、县禁毒志愿服务队一同下乡开展禁毒宣传、交通安全宣传工作，积极参与各类社会公益活动。张燕玲多年来的耐心辅导，使得许多曾经的"问题青少年"走向了自强自立的道路，她用专业、热情、真诚影响着一群又一群人。

2020年起她凭借着高度专业和服务成效，努力争取了广东省妇女儿童基金会的创投资金支持，连续 3 年打造关爱留守儿童服务项目，为多祝 2248 名、安墩 1410 名、白盆珠 271 名中小学生提供涵盖五防教育、生命教育、普法宣传、心理关爱等服务 63 场。在项目的实施过程中，当她发现这些山区孩子有着校服梦的时候，联合省妇联链接社会资源为安墩镇 8 所小学捐赠 872 套校服，价值 66041.28 元。联合社会上的基金会为梁化光长小学、安墩热汤小学建设图书馆，2 所学校的帮扶总价值超 10 万元。

打开社区志愿服务的局面，张燕玲有她的一套"妙招"。她带领团队分别在新文化广场、南湖公园、飞鹅岭公园设立"流动学雷锋志愿者服务站"，以及在爱尚百货、创富广场、老文化广场设立新时代文明实践点，免费为居民提供饮用水、手机充电、雨伞雨衣使用、运动器材使用、伤口应急处理、失物招领等便民服务，常态化推动志愿服务活动向公共场所深入。"人都对熟悉的事物比较信任，我要做的就是让大家在日常生活中来认识志愿者，认识爱心群。"这一举动不仅让居民在社区范围内能随时随地享受到志愿服务，还为她打开了社区志愿服务的大门。社区居民在日常生活中已经非常信赖这些"小屋"和志愿者，有的甚至主动加入到志愿服务的队伍中，通过这些站点与平台，社区居民由服务对象转变为提供志愿服务的人——志愿者。不仅如此，新时代文明实践流动巴士（以下简称"文明巴士"）更是可以直接开到居民家门口服务。"如果有一个流动志愿服务点，到乡镇开展活动，可以为居民们提供很大的便利。"张燕玲想。从开始设计到与厂家沟通，她与团队花了很多心思，克服了不少困难，大约耗费了半年时间，最后才收到成品。张燕玲说："我们想通过打造'文明巴士'，把文明带到任何一个角落。"目前，"文明巴士"进乡村项目正在如火如荼地开展中，为村民带去了义诊义剪、心理咨询、法律咨询、安全知识、政策宣传等服务。前不久，"文明巴士"成为第八批广东省学雷锋活动示范点。

张燕玲开展新时代文明实践巡讲活动

领悟真谛，公益成为终生事业

随着服务不断深入民心，张燕玲接到越来越多身处困境的人们的求助，在帮助他们的同时，也产生了许多温暖的联结。一位丈夫被判无期徒刑、独自抚养三个孩子的妈妈的求助让她印象深刻，也给了她许多的感动。那位妈妈在丈夫入狱后独自照顾养育三个孩子，其中最小的孩子才 6 岁，根本没办法出来工作，但当没有经济来源的她想申请低保时，却因为和丈夫还存在婚姻关系，不符合申请的条件。这位妈妈了解到要起诉申请才能离婚，而网上立案需要律师协助，律师费用至少需要 1000元。这个数字对于当时的她来说，却是能维持他们母子四人一个月的生活费了。当张燕玲接到这位妈妈的电话时，她已经能感觉到服务对象强烈的无助。她立马约在当天下午见面，开车陪同服务对象前往老家的村委开具证明，到惠东县法律援助处填写资料、申请援助。在张燕玲的帮助下，这位妈妈现在已成功申请到了低保，生活有了一定的保障。从那一次的接触后，那位妈妈受到感染，也加入了志愿者团队，成为一名抗疫志愿者，一直服务于疫苗接种点。最让人感动的是，她原本非常缺钱，当张燕玲给她介绍更加轻松并且补助较高的工作岗位时，她谢绝了，因为这位妈妈觉得守候在疫苗接种点能让她感觉更有价值，能帮到更多人。这一次，是她让张燕玲感动了，2021 年，这位妈妈荣获"惠州市最美志愿者"称号。"志愿服务能带给人什么？"是张燕玲一直在思考的问题。这位妈妈在志愿团队内收获了友谊，实现了自我的价值，正式重启了阳光新生活。每一次的服务总会给她带来不一样的答案。"志愿服务是一种温暖的双向奔赴，既是助人，也是助己。"张燕玲说。

每每陪伴着他人走过人生中的一段艰难旅程，她总会反思自己，是否真正帮助到服务对象。"我不进步，怎么帮人？我并不是科班出身，需要不停地提升。"为了提供更加完善和专业的服务，张燕玲没有停下学习的脚步，利用业余时间报读网上课程，学习不同类型的专业知识，先后考取助理社工师、中级社工师、中级禁毒社工师、中级心理社工师的资格证书。她将心理、社工专业等知识应用到志愿服务中，不再只是物质上的帮助，而是为服务对象传达对生活、对未来的希望，授人以渔，助人自助，以专业托起困境人士的希望，缓解了惠东县弱势群体的艰难境况。她本人也先后被评为"广东省优秀共青团员""惠州市最美志愿者""惠州市五星级金奖志愿者""惠州好人""惠州市优秀社工""广东省最美志愿者""广东省向上向善好青年""全国向上向善好青年"。

在张燕玲的带领下，惠东县爱心群公益团队及成员先后获得"惠州市志愿服务杰出集体""惠东县优秀志愿服务集体""惠州市最佳志愿服务组织""广东最佳志愿服务组织""惠东县先进社会组织""惠州市2018 年公众最满意社会组织""惠州市热心消防公益事业先进集体""广东优秀战疫志愿服务组织（团队）""惠州市学雷锋活动示范点""2020年惠州市青年志愿服务优秀集体""2020 年惠州市新冠肺炎疫情防控志愿服务优秀组织""惠东县第五届'感动惠东人物'"等荣誉。

"在志愿服务过程中，与服务对象的互动是双向的，当志愿者帮助服务对象实现积极改变时，自身也会因为和服务对象的接触而发生改变，可能是一些观念，一些做事方法。当服务对象走出困境以后，再投身志愿服务，去服务社会，会去影响更多的人。"她经常套用社会工作中的金句"用生命影响生命"来解释志愿服务的力量。她鼓励年轻人多去做志愿服务，年轻人正处于最有活力、最有激情、最有创意的年龄，他们还有着丰富的兴趣爱好和个人特长，他们的加入能让志愿服务迸发出新的火花，为志愿服务增添新内容。"让志愿服务变得时尚、流行，应该更加容易被人了解和接受。"她如此觉得。而且从另一个角度看，在参与社会治理时也能增强当代青年的社会责任心与使命感，这也是一种"用生命影响生命"的体现。

　　张燕玲与她的公益团队，情系惠东，扎根惠东，用"草台班子"舞出的坚韧力量，去温暖弱势群体，去传递公益正能量，去促进志愿服务的进步，去推动文明社会的建设。

青春志愿路，社区志愿情
——肇庆青年志愿者李健能①的故事

　　社区志愿服务，是李健能生命中不可磨灭的一抹亮色。作为一名共产党员，李健能参与社区志愿服务已经10多年了。

　　"10多年来，我见证了四会市碧海湾义工协会这支队伍的诞生与壮大，我自己也从这个组织平台上收获了成长的营养。"

李健能

————————————————

　　① 李健能，肇庆市四会市碧海湾义工协会会长，志愿服务时数约2000小时，热心开展困境儿童、留守老人、社区治理和乡村振兴等志愿服务，曾获"广东好人""广东省最美志愿者"等荣誉称号。

12 年前，李健能还在当地的地产集团担任人力资源经理时，在一次向社区居民回收旧衣物捐赠给湘西山区人民的活动中，李健能第一次参加志愿服务，从此便"一发不可收拾"，投身到了志愿服务中去。社区的文化传播、邻里互助、家风传承、义诊义剪、关爱弱势、大病救助、环保宣传等，无数的志愿活动都留下了李健能的身影。

10 年来，李健能完成了从一名地产集团人力资源负责人，到志愿服务组织负责人的蜕变，李健能现任肇庆四会市碧海湾义工协会党支部书记、会长职务。志愿服务让李健能获得了"广东省最美志愿者""广东好人""四会市优秀党员"等荣誉称号，2020 年还成功当选四会市人大代表。超过 10 年的志愿生涯，给李健能留下了无数精彩动人的故事。

以爱萌芽，绿树成荫

2010 年，社会组织的管理还不是很规范，碧海湾社区中的一小部分热心社会公益的好心人聚集起来共同为社区做一些好事。为大病儿童筹款救助和社区旧衣物回收就是那个时候兴起的，而李健能便是这项衣物回收的发起人之一。志愿者们的初衷是希望在社区内建立社区居民文化，而李健能的特长正是搭建企业文化，于是他们便从在社区内回收衣物开始了第一次尝试。后来这个项目成为该社区文化活动的"固定动作"，直到 2020 年才正式结束。

李健能曾以不同的身份为团队的社区服务出谋划策，一做就坚持了 10 年之久。因为所在社区名为"碧海湾社区"，所以当时的志愿队伍被命名为"碧海湾义工队"。2013 年在市民政局的指引下，正式注册登记为"四会市碧海湾义工协会"。李健能说："我与四会市碧海湾义工协会在发展中相互成就，在成长中一起收获。从一名旁观者变成局内人，从一名跟随者变成领路人。"

李健能觉得自己与四会市碧海湾义工协会有着一份特殊的缘分。在 2015 年，彼时吴会长因为生意原因迁移到了外地，便辞去了会长职务，热衷于社区志愿服务的李健能便毫不犹豫地接替吴会长挑起了协会会长的重任。在担任会长的初期，李健能制定了"建阵地，聘专职，接项目，投大赛"的发展方向，为团队日后发展奠定了基础。

李健能回忆道："当时我们从广东省争取了一笔30万的社会组织发展培育资金，又从碧海湾公司争取了一个建筑面积约300平方米自带小院的三层旧楼房，把旧房子装修成为具有公益特色的志愿服务阵地，使得团队有了固定的根据地。然后聘请专职人员开展专业化、常态化的志愿服务。在不断地扩展志愿者队伍的同时，开始承接市文明办、团市委、市民政局等政府职能部门的一些创文志愿服务和民生项目来强化队伍。"

"这么多年来，我就像对待自己的孩子一样，呵护着四会市碧海湾义工协会的成长，我愿意倾尽自己的心血和资源。"李健能甚至把自己的车子也奉献了出来，提供给协会平时开展志愿活动时使用，"平时我也甘愿牺牲周末的时间为团队招募志愿者、开拓新资源、设计新项目。我已经将碧海湾义工协会作为了自己人生中重要的一部分。"付出就会有收获，李健能把团队从一支业余的、不成熟的队伍，逐步打造成为一支在业内具有一定影响力的标杆性志愿服务队伍。

李健能（右一）在开展村居为老服务

星星之火，可以燎原

行动的力量，可以感染更多的人。李健能不仅自己身体力行，还不断地带动周围的人，包括家人、同学和朋友加入到四会市碧海湾义工协会的志愿服务行列。

儿子李森岚6岁时，李健能就经常带上他来参与创文和下乡探访志愿服务。森岚非常支持爸爸参加志愿服务，跟着爸爸送戏下乡、做社区宣传、提供创文服务，走遍了多个志愿服务站点，森岚还曾为参加志愿服务专程设计了一套表演节目。李健能说："有一个学期森岚的学习成绩和行为表现进步明显，在学校受到了表扬。我问他是怎么取得如此进步的，森岚回答说：'我知道自己的爸爸是为社会服务的，自己不敢拖爸爸的后腿，所以要发奋努力学习。'"听到孩子这么想，李健能心里感觉很自豪，也很骄傲，希望一直能给他做值得学习的好榜样。

李健能与家人在社区开展环保志愿服务

朱伙荣是李健能的同学，在一次同学聚会上，朱伙荣对李健能的志愿服务产生了兴趣，两人相约在周末带上女儿和儿子一起参加志愿服务。当时的志愿服务是组织社区里的亲子家庭下乡为四会农村留守老人举办"长者生日会"，朱伙荣的两个孩子在活动中表现得很积极，他们为老人送礼物、煮寿面、帮老人搓背。朱伙荣觉得，志愿活动不仅让孩子们懂得了敬老爱老的道理，还促进了他们的亲子关系，非常有意义。后来，朱伙荣让女儿也加入了四会市碧海湾义工协会的志愿者队伍，还带动自己的同学一起来参与志愿服务。在每个人的亲身实践和口口相传中，志愿服务的队伍在不断壮大。

学习实验室成立至今已有 9 年，李健能是成员之一。周希奇老师是学习实验室的发起人和主导老师。周老师和同学们平时一直关注李健能的志愿服务工作，并被李健能对志愿服务的坚持而感动，于是在 2020 年便发动学习实验室的学员加入四会市碧海湾义工协会的志愿者队伍。此外，周希奇老师还主动免费担任碧海湾义工协会的公益顾问，为协会的发展出谋划策，链接社会资源。2021 年，四会市碧海湾义工协会联袂学习实验室和广东电声市场营销股份有限公司等爱心企业，共同策划了关爱四会农村留守老人的"福袋计划"和"砂糖橘公益认养"项目，这些项目不仅是协会活动的创新，也为协会提供了源源不断的社会善款资源，使协会得以更好地发展。志愿服务的温暖力量，在每一次的参与和传播中，得以传递。李健能在其中积极发挥着个人的带动作用和影响力。

帮助他人，成就自我

多年的志愿服务，在李健能的生命中留下了许许多多的暖心故事。兰姨一家，是李健能在 2011 年关怀社区弱势群体的志愿服务过程中遇到的一户生活陷入困境的单亲家庭。他们一家三口居住在破旧的危房里，一到下雨天，破旧的旧式瓦房便会到处漏水，要用盆子一一接住从屋顶漏下的雨水。家中最值钱的就是那台一边转一边吱吱作响的电风扇。身患腰椎间盘突出并长期服用药物的母亲兰姨，就在这样的环境中含辛茹苦地带着两个孩子生活。见此情形，李健能为帮助兰姨一家，向碧海湾集团争取将其孩子纳入助学对象范围，每月给予助学款，减轻他们一家的经济负担。除此之外，李健能还经常在节假日带上慰问物资上门，关心两个孩子的读书成绩和思想动向，鼓励他们读好书、上好学。在一次探访中，李健能得知兰姨的女儿需要一台电脑用于学习，但又没有能力购买，于是将自己家中的电脑送给了她。后来兰姨的两个孩子顺利完成学业并走上了工作岗位，儿子当上了电工技术员，女儿进了工厂工作，还给家里拆掉了危房，建起了新房，从此兰姨一家的生活逐渐走出了困境。兰姨一家除了依靠政府发放的低保外，平时主要是靠在市场上售卖自家种植的蔬果来换得一些微薄收入。兰姨一家平时经常把采摘下来的新鲜蔬果送给李健能，以表达感激之情。一开始李健能坚持不肯收，但盛情难却，于是李健能就在以后的探访服务中再额外购买生活用品作为回赠。在一来一往中，李健能早已跟兰姨一家建立了深厚的情谊。兰姨乔迁新居时，还特意邀请李健能参加入伙宴席，李健能和志愿者们也为兰姨送去了贺礼。李健能看到兰姨一家两层三房一厅的新居，心中万分感慨道："我自己尽了一些绵力，再加上政府和社会热心人士的帮助，看到一家家困难户的家庭居住环境得到改善、子女完成学业、生活逐步走出困境，这就是我们志愿者们最有成就感的事。"

李健能说，给他留下深刻印象的，还有一次大家寒夜寻找流浪汉的故事。时间要追溯到 2017 年 12 月 18 日晚，正是当年最强冷空气到来的第一个晚上。当晚 10 点左右，李健能刚加完班准备回家，临走前习惯性地打开志愿者群看看最新的信息，在群中得知社区附近有一名流浪汉因来不及找御寒衣物，正在路边向路人乞要衣服御寒。志愿者发现后，回家取来衣服，返回时流浪汉却不知去向。这件事在志愿群里炸开了锅，李健能带头发动了多名志愿者，三台车分三路人马，到附近的社区街巷中寻找这名流浪汉。李健能和志愿者们开车两个多小时，搜遍了四会市龙城、高观及沙尾社区一带的大街小巷。最后，功夫不负有心人，接近凌晨时分，大家在柑橘少女像附近找到了冻得颤颤发抖的流浪汉。志愿者马上为他送上了保暖衣物、鞋袜、食物和暖水，并且把流浪汉送到了救助站安置。当晚，志愿者们上演了一出"寒夜遍寻流浪汉，只为贫躯添衣裳"的暖心故事。

果农阿强也是李健能一行人帮扶脱贫的鲜活案例。阿强是"四会砂糖橘公益认养"项目的代表帮扶对象之一。"四会砂糖橘公益认养"是一项服务乡村振兴项目，成立于2020年，由李健能和学习实验室的老师、同学以及社会上的爱心企业实施。这个项目主要是链接社会资金定向公益认养，购买四会脱贫户砂糖橘果农的砂糖橘，阿强就是定向帮助的脱贫户果农之一。

李健能与学习实验室开展助农活动

"我们提前与阿强研究了帮扶可行性，还有具体的操作办法。冬至前后是采摘砂糖橘的最佳时期，我组织了认养的热心人士上门为阿强采摘砂糖橘，并向社会推广销售。"当年阿强果园400多棵树采摘的砂糖橘销售一空，而且平均价格远高于市面销售价，这为阿强增加了种植收入，也给了阿强种植砂糖橘的信心。在春节前，阿强为了答谢志愿者的帮助，带着自家散养的鸡、鹅来到义工协会送给志愿者们，其中特别诚恳地感谢了李健能在这次的公益认养过程中给予他的帮助和支持。每当看到志愿服务对象的生活在大家的帮助下变得越来越好的时候，李健能总感觉心里暖暖的，他认为这就是志愿服务的价值所在。

志同道合，携手前行

在 10 多年的志愿服务经历过程中，李健能带动了许许多多身边的朋友和群众加入到志愿服务的队伍，并帮助他们做得更好。这些志愿者有来自大学的学生，有来自企业的员工，有来自社区的居民，有来自医院的医生护士等等不同的行业和领域。

2011 年，李健能计划开展一系列下乡关爱孤儿的志愿服务，当他计划组织核心志愿者团队时，首先就想起了他以前认识的一位非常热心公益事业的朋友王琛老师。当李健能把计划和想法告诉王琛时，王琛一下子就欣然地答应了参与该项志愿服务，在接下来的服务开展过程中，李健能耐心地把志愿服务的理念、方法和工具教给了王琛，王琛也不负所望，慢慢成长起来，成为该项目的主要负责人，两人也因共同的志愿精神逐渐结下深厚友谊，成为日后志愿服务道路上的挚友。2017 年，王琛负责帮扶的 32 名困境儿童急需助学款，李健能得知情况后便利用自己在公益圈的人际网络联系碧海湾集团、腾讯公益等渠道为 32 名困境儿童筹足了 5 万多元的助学款，并在接下来的五年里持续为这些困境儿童筹措善款。

李健能多年来持续开展的"社区衣物回收"志愿服务在高峰回收期时常会遇到人手不足的问题，为了报答李健能的帮助，王琛也经常帮忙回收衣物。在一次大型的衣物回收活动后，收回了好几车的衣服堆放在协会前院，李健能带领着王琛等十几名志愿者一起奋战了三个晚上才把衣物全部整理完毕。两人在志愿服务的道路上相互扶持，一同携手走过平凡、崎岖的小路，也一同接受掌声和鲜花。后来两人先后被评为"广东好人"，共同为四会市创建全国文明城市贡献了志愿力量。

李健能（右一）与王琛（右二）一起开展助学志愿服务

　　志愿者黄达游是李健能在 2015 年开展社区义诊志愿服务时结识的。当时的义诊志愿服务需要医生和护士志愿者的帮助。在朋友的介绍下李健能认识了黄达游医生，并热情地邀约其一起来参加志愿服务。2019 年春，李健能开始探索实施关爱乡村留守老人的"五福行动"志愿服务项目，"五福行动"中有一"福"是"送医下乡"，需要大量的医务志愿者和外用药油，在李健能的努力链接下，得到了四会慈航医院、中国社会福利基金会等多方的帮助，使得项目很好地为四会的农村困境老人、留守老人治疗腰、腿、肩疼痛等疾病提供帮助，为农村老人送去了实实在在的关爱，提升了农村老人的幸福感。

　　"五福行动"实施了三年之后，于 2021 年在广东省"益苗计划"志愿服务项目大赛中荣获"省级示范项目"称号。并进一步得到了多方的资金和医务资源的帮助，为更多有需要的弱势群体提供免费的、优质的医疗志愿服务。

　　多年的志愿服务，让李健能有机会接触到许许多多和他一样有爱心、热情服务社会的友人。在为他人做志愿服务的时候，李健能收获了超越活动本身之外的友谊和感动。微光终会吸引微光。李健能在志愿服务的过程中，因积极向上的正能量和社会公益性，吸引了许多志趣相投的朋友，也一点点壮大了志愿服务的队伍和力量。

脚踏实地，仰望星空

李健能始终铭记，志愿服务组织应该要紧紧围绕党和政府的中心工作开展服务，也应该在党和政府的管理之下去规范运作、健康成长。在2013年，四会市民政局要求社会团体到民政局依法注册登记。当时李健能积极配合工作，主动带头到民政局为四会市碧海湾义工协会注册登记，接受规范管理。碧海湾义工协会在2015年依规取得3A社团资格。

2015年，在四会市社工委和四会市民政局的支持下，碧海湾义工协会成功获得广东省30万元的社会组织发展培育资金，协会在政府相关职能部门的管理和引领下走上了专业化、规范化、常态化的发展道路。2015年，李健能团队积极响应党建引领志愿服务的号召，在碧海湾义工协会当中建立了党支部，并且选举了李健能担任支部书记。碧海湾义工协会在四会市组织部和上级党工委的领导下，成功创建了四会市首个志愿服务团队的党建示范点，并且培育了周燕敏和吴彩霞两位社会组织党建指导员，更是在志愿服务队伍中培养了9位"广东好人""肇庆市身边好人"和"四会市身边好人"，还有一批市级的优秀志愿者和"巾帼文明岗"。

2016年，由于创建全国文明城市的需要，四会市文明办、四会市社工委和团四会市委需要发动社会团体力量参与志愿服务，四会市"扶强计划"志愿服务项目应运而生，李健能为团队积极报名并成功入围第一批4支扶强队伍，李健能也被聘为"四会市文明使者"，为四会市志愿服务贡献自己的力量。2017年，四会市成功评上"全国文明城市"，四会市碧海湾义工协会被评为"四会市创建全国文明城市先进单位"，李健能个人被评为"四会市创建全国文明城市工作突出贡献个人"。

李健能和他的团队，在弘扬社区好家风家训、社区邻里互助、宣传好人和道德模范、关爱农村弱势群体等方面都做出了许多贡献。6 年来，李健能总共组织实施了大小 500 多场志愿服务活动。其中"手拉手，心连心打造幸福和谐小区""情暖社区邻里和谐"两大项目，连续获得 2016—2017 年肇庆十佳志愿服务品牌项目，"护苗苗壮"四会市乡镇困境、留守儿童关爱服务项目和"五福行动"多维度关爱乡村留守老人志愿服务项目，先后在 2019 年和 2021 年荣获了广东省"益苗计划"志愿服务项目大赛"省级示范项目"，李健能的个人志愿时长也达约 2000 小时，服务和受益人群达 2 万多人次，团队为四会市志愿者服务贡献了 12 万多小时的志愿服务时数，李健能也成为五星志愿者。这许许多多的荣誉称号，是对李健能及其团队多年来深耕志愿服务领域的最大肯定。让他们闪闪发光的，不是一个个称号，而是多年来在无数个平凡日子中，忙碌于一场场志愿活动中的身影。

2021 年 9 月，李健能在一周内分别收到四会市民政局、团四会市委和四会市贞山街道发出的关于李健能个人《市级人大代表换届选举人员的摸底调查表》的通知。随后，李健能在四会市人大代表换届选举时成功当选四会市第十七届人大代表。李健能说道："我想这与多年以来一直坚守志愿服务是分不开的。"李健能在当选人大代表后，提出的第一份议案就是《通过增加志愿服务激励措施来推动四会市志愿服务事业发展》，该议案被四会市文明办和团四会市委受理并实施执行。

李健能认为，人大代表的身份既是一份荣誉，更是一份责任，"这个'代表'的身份是从志愿服务领域中走来的，我就有义务为志愿服务领域发声，有责任尽自己的微薄之力来推动当地志愿服务事业向前发展！"

李健能在四会市"两会"上为志愿服务提出议案

生命不息，学习不止

　　李健能在志愿服务过程中始终保持着积极开放的学习心态。为了在志愿服务领域获得进一步学习和提升，从 2017 年迄今，李健能多次赴广州、佛山、肇庆、东莞和清远等地进行志愿服务主题交流学习。将四会志愿服务的成功方法"带出去"，把其他城市志愿服务的可取之处"引进来"，不断努力地提升志愿服务的水平。

　　"我们最远的一次是受到团兴宁市委的邀请，到兴宁进行了为期 3 天的志愿服务考察调查，为当地的文明志愿服务出谋划策，为当地多家志愿服务团队的发展建言献策，同时也通过这次对兴宁的考察调查，学习到了不同地区的优秀经验。通过这种'带出去'和'引进来'的方法，我们对志愿服务的精髓理解得更加深入，自己的志愿团队在成长的过程得到了充足的养分。"李健能一行通过不断学习，逐步带领队伍从四会走向广东和全国。

李健能回顾过去，"有老师和各地的优秀志愿服务领导者给予我们指导和帮助，有的老师充当着资源的'媒人'和志愿服务资讯的'传播者'的角色，为众多的志愿服务团队提供帮助，对接了很多有用的社会资源来帮助我们的成长。有的志友为我们分享他们的成功经验和宝贵做法，把一些国赛和省赛的成功项目介绍给我们学习，让我们从中迅速地获得成长的养分。我在心中一直非常感激各地的老师和志友们在志愿服务的道路上的无私指导与帮助。"

助人为乐，成人为美

李健能始终秉持着利他之心，行志愿服务之路。李健能带领社区志愿者们，坚持执行"衣旧情深"捐赠衣物项目长达 8 年之久。"我们日常组织社区志愿活动回收居民闲置的衣物，经过分拣、处理及打包后捐赠给贵州遵义习水县国家定点贫穷山区和湖南湘西石羊哨乡少数民族山区的居民，也会挑选一些合适的衣物送给四会福利院的孤儿。"2018 年 1 月 19 日，李健能亲自深入贵州遵义习水县山区将衣物赠送给当地的贫穷村民。贵州山路崎岖，到达目的地需要经过 9 个多小时的行程。村民沿山而居，不成村不成寨，基本只有留守老人和小孩。李健能利用大家捐出来的衣物，与当地的爱心组织合作，通过四个"爱心驿站"将衣物免费分发给山区的村民。李健能说："'衣旧情深'不仅展现了广东志愿者积极热情的精神面貌，还把广东人民的温暖传递给了贵州人。"多年来，活动累计捐赠衣物 1 万多件。

除此之外，李健能还长期开展农村留守老人关爱服务，深入四会农村为老人举办义诊义剪、长者生日会、文艺表演等关爱农村留守老人和空巢老人志愿服务服务活动。向广东电声市场营销股份有限公司、广州学习实验室、四会博远汽修厂、四会慈航医院筹集善款用于购买"福袋"

赠送给农村留守老人，"福袋"里都是老人需要的药品、生活用品，直接受益的农村老人达 1628 人次。

10 多年来，李健能一直活跃在不起眼的社区志愿服务中，用自己的行动影响和带动身边人积极参与社区志愿服务活动，受到社会及志愿者群体的一致好评，成为社区居民心目中的"身边好人"。"看到别人的生活在自己的帮助下越来越好时，我由衷地感到开心。"每次志愿服务后，服务对象满意的笑容和发自内心的感谢，都让李健能更加坚定了在志愿服务这条路上走下去的决心。李健能始终跟随着党和政府的方向，始终以助人为乐，以成人为美，搭建志愿平台，为更多的人参与社会志愿服务提供通道。李健能认为通过帮助更多的人，自身的价值也得到了体现。

与志愿者同行，廿载青春无悔
——佛山青年志愿者关婉飞①的故事

　　初见关婉飞，是在祥和小区的一个巷子里，她正搀扶着一位腿有残疾的老人散步聊天。"飞飞对我们实在是太好了，经常来探望我们，这次还给我们送口罩。"还没等关婉飞开口，被搀扶的老人就热情介绍。眼前的关婉飞话不多，衣着朴素，脸上总是挂着笑容，甚至有些羞涩，但谈到志愿服务的故事时，她如数家珍，话题渐渐多了起来。

　　关婉飞，是一名超过 20 年党龄的五星志愿者，现任佛山市高明区志愿者联合会副会长，曾先后被聘为佛山市志愿者联合会副会长、高明区青年志愿者协会会长、高明区社会工作协会会长等职务。

　　在关婉飞的身上有着许许多多感人的事迹：她长年累月走进社区村居，帮助失学儿童重新返回校园，让失明女孩的人生重见光明，大年三十晚上把亲情和温暖送到孤寡老人的身边……这样感人的事迹数不胜数。在每一次的活动中，她立足自身做好每一件事，做志愿者的带头模范。除了志愿行动，她走进社区、学校、企业宣讲着志愿者的感人故事，让群众看到青年人闪光的地方，对志愿者工作有了更多的认可和支持，并将以此激励更多的人。

---

　　① 关婉飞，佛山市高明区志愿者联合会副会长，志愿服务时数约 15900 小时。曾获"广东好人""广东省最美志愿者""广东省向上向善好青年"等荣誉称号。

关爱，为志愿首航

　　高三那年，18 岁的关婉飞加入了中国共产党，从举起右手在党旗下宣誓起，她始终牢记全心全意为人民服务的宗旨，立志要做一个向上向善的人。说起关婉飞的志愿者生涯，还要从大学生时代的一次参加敬老院活动开始。第一次参加志愿活动，关婉飞和同学们带着礼物和节目走进了敬老院。看见志愿者们到来，老人们布满皱纹的脸上立即露出了欣慰的笑容。短短两个小时的相处让敬老院一片欢声笑语，她至今还记得，临走时，一位 80 多岁的老奶奶激动地喊她"孙女"，握着她的手久久不放，还询问她下一次探望的时间。"原来简单的志愿者活动可以给别人带来那么多的欢乐。"自此之后，志愿者的种子悄悄种在了关婉飞的心田，她经常和同学到敬老院进行志愿探访活动。

关婉飞（中）到敬老院为长者们开展生日会活动

　　关婉飞个子娇小，但在她身上却蕴含着无穷的精力。2003 年高明区青年志愿者协会成立，她便加入其中，成为区内较早的一批注册志愿者，热心的她很快地成为高明区志愿服务组织的骨干，当起了志愿小队长，别的年轻人放假都在计划外出游玩，她却和队友们忙乎着开展志愿活动。10 多年前互联网尚未普及，群众对"志愿者"的身份是比较陌生的，说起志愿者，好多群众都不知道是什么，有时候还会被误解是骗人的。如果只是依靠协会发布活动，形式太单一了。为了让更多的人参与和了解志愿服务，关婉飞有了全新的想法。2006 年，她想到了建立网上公益平台，通过在网站论坛上设立一个公益版块，倡议区内的广大网民伸出援手，关婉飞和朋友一拍即合，建起了"阳光计划储备基金"，募集资金和物资来帮助困难学生和特困家庭，圆寒门学子读书梦，为孤寡长者送上温暖。这一个活动得到了好多群众的关注和响应，许多市民加入到志愿者活动中来。"希望能让更多无助的学子和困难家庭走向光明。"关婉飞介绍，"阳光计划储备基金"倡导高明区内群众伸出援手，募集更多资金和物资来帮助失学孩子和特困孤残儿童，重点帮扶因家境困难而面临失学的中小学生。"用真诚的爱，弘扬人文精神，让他们在充满爱的氛围中健康幸福成长。"关婉飞说"阳光计划储备基金"的初心一定不能忘。

回想起 2006 年组织的第一次助学活动，关婉飞感慨万千。当初大部分人对贫困助学意识淡薄，她想方设法发动自己身边的朋友、学生家长参与助学活动，可很多人都摇头拒绝。网络论坛公益版块的设立，既让大家可以直观了解到活动的情况，又可以在志愿者的带领下亲自到受助学生家里了解情况。很多人从最初的不支持到慢慢加入助学行列，有些人甚至还成为优秀公益人。初战告捷，关婉飞的志愿干劲越来越足。探访福利院，探访麻风村，探访贫困家庭，她从不落下。2004 年她获得了佛山市青年志愿服务组织奖，同年还成为高明区青年志愿者协会长者服务组组长。

高明区属于佛山最偏远的区域，为了让更多的人参与公益，走到更多群众的身边，关婉飞兴起了组建高明自驾车志愿队的念头。2009 年 5 月，高明区第一支"爱心志愿服务车队"正式成立。端午节那天，30 多辆小汽车排队下乡去给贫困老人送粽子，这样的公益活动在乡村里一时"蔚为奇观"，为后续的志愿活动树立了榜样。"有车了，我们就能走更远，爱心就传递得更远。"随后，她策划了"大手牵小手"结对活动，让"有车一族"家庭将山里的孩子带到县城搞活动。尽自己的能力让每一名孩子幸福成长是关婉飞简单而又淳朴的心愿，山里孩子开怀的笑脸、欢快的笑声，至今让关婉飞久久难以忘怀。宣传环保、宣传高明濑粉节，探访怪病男孩……自驾车队为高明志愿活动插上了翅膀，爱心在山间传递得更远，也更好地促进了山区志愿服务的推广。"她胆子大，敢作敢为！"高明资深志愿者对关婉飞竖起了大拇指，"现在做志愿者就需要这样的人，有爱心，有能力，有魄力，更有远见。"

当时在国企工作的关婉飞还积极带动身边的朋友、同事加入到志愿者行列。在她的影响下，单位成立了青年志愿服务队，发挥行业优势参与志愿服务，为更多需要帮扶的对象送去爱和温暖。

用真诚筑新家

"婉飞，好久没见你了，你最近是不是很忙，忙也要保重身体哦。"当数十位爱心人士走进明城镇明阳村，这里的老人像看到了久别的亲人，一个个走近爱心人士身边寒暄起来，其中一位老人更是拉起关婉飞的手久久不愿放下。明阳村距离高明中心城区有一个多小时车程，由于位置偏僻，很少人到访。但每逢春节，关婉飞都会组织多位爱心人士和多家热心企业走访探望村中的独居老人、贫困家庭，为他们送去慰问和祝福。

"你们不是亲人胜似亲人哪，真心感谢你们。"接过爱心人士的爱心物资和慰问金，70多岁的杨伯感动得热泪盈眶。看到独居老人因关怀而感动，关婉飞深知志愿服务之路任重而道远。当年走进孤寡老人杨伯的家，10平方米的房子里简陋得让关婉飞难以置信，可以用家徒四壁来形容：门已经严重损坏，窗户没有玻璃，冬天刮风，夏天进雨；电线为图方便乱拉乱搭，存在安全隐患；床是用长凳和旧木板拼成的，稍微用力一点都会倒下来，一生未婚的杨伯没有睡过真正的床；没有衣柜，衣服都是用箩筐装着；因为要在屋里烧火做饭，整个屋子熏得又脏又黑。考虑到这样的房子很不安全，除了例行的探访慰问，关婉飞和杨伯商量：

"我们帮你把家重新整理一下吧。"杨伯很开心地说好。于是，关婉飞带着志愿者们运来水泥和石灰为杨伯翻新房子，志愿者们分工合作，有的打扫卫生，有的做泥水工，有的搬运东西……志愿者们齐心协力用了一天时间把杨伯的家刷了新的石灰，安装了新的门窗，添置床、衣柜和一些基本家具，还拉好电线，教他使用电饭煲做饭。屋里焕然一新，但是屋外的环境也让人担忧。杨伯的家门口是坑坑洼洼的泥路，一到下雨天就容易积水，杨伯还为此摔倒过，关婉飞又筹钱买来了水泥和砖，志愿者们虽然不懂泥水活，但还是不畏艰辛，一起动手把门口填成了水泥路，杨伯以后就可以坐在家门口乘凉，不怕跌倒了。10多年来，每逢节假日，大家轮流去探访杨伯，春节前也会帮杨伯贴好对联，从未间断。杨伯的床边一直放着志愿者送的大衣，他说那是他这辈子最好的衣服，从来没有人这么关心他，志愿者比亲人还亲，看着衣服就很温暖，病痛也轻了。

"光明"只为你绽放

在一次进社区的例常探访中，关婉飞见到了失明少女阿清。阿清读完高中后，因为视觉神经萎缩导致双目失明，这个她曾经看到过、热爱过的色彩斑斓的世界突然被黑暗替代。失明带来的恐惧对于一个花季少女来说简直是毁灭性打击，此后整整六年阿清连家门都没有出去过，觉得自己是家里人的包袱，她哭过闹过绝食过，整个人都变得颓废、没自信，也不和人交流。看着愁眉苦脸的阿清，关婉飞的眼泪一下子流了出来，暗暗下决心一定要帮她。为了帮助阿清，关婉飞向国际慈善机构发去10多封求助信。她又听闻针灸疗法对后天失明有特效，于是亲自驱车带阿清到深圳做针灸，那是女孩失明后第一次出远门……多方寻医问药，阿清复明仍是无望，尽管最终都没有让阿清恢复视力，但关婉飞并没有放弃，而是换了另外一种方式继续帮助阿清。她想让阿清学习推拿技术，这既能让她打开心扉重新走入社会，又能保障她有一技谋生。考虑到阿清失明后从未走出过家门，不适合到外地学习，关婉飞拿着学费在本地一家一家地找师傅。一个热心肠的推拿店老板，得知她的事迹后被感动，决定施以援手，免费为阿清教学。

关婉飞再次来到阿清家中，把这个好消息告诉阿清，却遭到了全家人的质疑："该不会是传销组织，哪有那么好的事？"关婉飞没有放弃，一次次地踏进阿清的家门，动之以情，晓之以理，经过多番劝解后终于打动阿清的家人。在阿清学习按摩的三个月里，关婉飞每个周末都会来到她的宿舍，了解她的现状和生活。一有空，关婉飞就带着阿清，在往来按摩店和宿舍的路上练习使用盲杖。关婉飞怕阿清走得太快摔倒，便把手搭在她的肩膀上，每走一步都用余光看向身后的阿清。一条不过一公里的小路，一走就是半个多小时。就这样，阿清不仅找到了工作，还打开了封闭已久的心灵，重新回归社会。领到第一个月800元工资，阿清动情地说："我有能力了，也要帮助有需要的人。"参加工作后的阿清人变得自信、开朗，后来还和一位工作中相识的小伙组建了幸福家庭，整个人生重新看到"光明"。

大爱圆梦

说起第一次资助的贫困学生静敏（化名）三姐弟，关婉飞满脸怜爱之情。

在高明的偏远山村，有这样一户人家，母亲身患重病，已经70多岁的奶奶拉扯着三个孩子，靠父亲一人打着散工苦苦支撑家庭。关婉飞第一次上门探访的时候正下着大雨，破旧的房屋到处漏水，聊到中午得知正在读中学的姐妹俩连住宿费都交不起，面临失学。当时刚参加工作收入微薄的关婉飞得知这户家庭的困境后，毫不犹豫地帮她们交了住宿费，又发动身边朋友寻找资源联合资助姐弟三人。本以为姐弟三人终于可以安心读书了，没想到有一天关婉飞接到了姐姐静敏的电话，她哭着说妈妈因病抢救无效去世了，关婉飞马上来到了孩子们的身边安慰他们，并向孩子们承诺："妈妈不在了还有飞姐姐，只要你们安心读书，飞姐姐一定圆你们的大学梦。"为了帮助这三个年幼的孩子，关婉飞经常到学校和家里看望他们，这一帮就是10多年，除了想方设法资助学费，每年春节前，她担心他们家没钱过年，都会买好年货、准备好压岁红包送到他们家里。高考报志愿、大学毕业典礼、工作面试等重要的人生阶段，她都像家人一样陪伴和指导着他们。

关婉飞（左一）参加资助学生的毕业典礼

一晃过去多年，静敏三姐弟相继考上各自心仪的高等院校，走上了工作岗位。如今，大姐成为一名医生，妹妹日语专业毕业成为一名白领，弟弟读大学时响应国家号召光荣入伍，大学毕业后被航空公司录取成为一名飞行员，出国进修。姐妹们也入了党，成为一名志愿者。"没有飞姐姐，就没有我们的今天。"提起当年资助的事情，静敏依然非常激动。前不久，收到航空公司飞行员录取通知的弟弟开车带着礼物，来到关婉飞家里致谢。临走时弟弟动情地说："飞姐姐，你是我生命中的英雄。我每次开飞机的时候都会想到自己有两个妈妈，一个在天上看着我，一个在地上守护着我。"

2010—2014年，关婉飞分别获得了高明区"因为有你　情动高明"道德模范、佛山市青年建功立业先进个人、佛山市十大杰出志愿者等荣誉称号，并获评为广东省首批五星志愿者。

力排众议全心投入

　　2011 年，佛山市启动争创全国文明城市工作，志愿者需要为创建文明城市提供专业化服务，因此团区委对外招考一名全职志愿者专干，招考单位向关婉飞发出了报考邀请。当时关婉飞从事着令人羡慕的银行工作，薪酬待遇比志愿者专干高很多，尽管如此，怀着对志愿服务工作的热爱和使命感，她毅然选择了报考并通过笔试和面试，成为一名全职志愿者（志愿者专干）。收入比以前少了一半，朋友们不理解、不支持，甚至有各种声音传出，但她仍然把它当作自己的事业全心全意去经营。

关婉飞（前）参与创文志愿活动启动仪式

　　志愿者专干这个工作岗位，繁琐又忙碌，除了要帮助弱势群体解困助难，还有一线活动服务、管理团队等多项工作，加班是常态，但她从不嫌苦嫌累。工作身份的转变一下子让她有点手忙脚乱，但是她自己暗暗下决心"我是共产党员，就应该有不怕苦、不怕累、干一行、爱一行、钻一行的螺丝钉精神，要以积极的心态面对一切困难"。

她乐于奉献，主动跑部门、拉赞助，克服了缺钱缺资源等制约志愿服务发展的问题，想方设法稳定志愿者队伍；她默默耕耘，在平凡的岗位上发光发热，在志愿公益路上润泽温暖千家万户。她本人也先后获得"广东好人"、广东向上向善好青年、广东省志愿服务金奖、广东省道德模范、高明区优秀共产党员等荣誉称号。

集结志愿力量

工作之余，关婉飞考取了社会工作师和国家二级心理咨询师，主动学习业务知识提升自我，获聘为佛山市委党校兼职教师、市星级志愿者讲师、市家庭教育讲师、社会工作协会专家顾问等社会职务，带动高明志愿服务专业化发展；建立高明区首个"社工人才培养计划"项目，创新高明区"社工＋志愿"服务模式，在她的推动下，首个区志愿者学院、志愿者之家相继成立。

她个子不高，散发能量却不小。在志愿者队伍中，提到关婉飞的名字，大家都不会觉得陌生。无论是青年志愿者还是退休的夕阳红志愿者，都喜欢亲切地称她为"飞姐"，他们提起她都说："飞姐就是我们志愿服务的领头羊，是我们学习的榜样。"除了做好本职工作，她经常利用下班时间对志愿服务团队和活动进行指导，她还自己编写了志愿服务培训教案，放弃休息时间，常年开展"志愿文化"主题培训课程，多次到社区、学校、企业开展宣讲，让广大群众对志愿者工作有了更多的认可和支持，从而激励更多人参与志愿服务。不管是在讲课还是在志愿活动中，她都公开自己的手机号码和微信，用心用情带领大家参与志愿服务。在她的引导下，一批批热心奋进的青年加入到志愿者行列当中，活跃在高明区的志愿服务活动中。在她的带领感召下，孵化了名声在外的"一二三公益志愿服务队""友爱历奇志愿服务队""乐善志愿服务队""夕阳红志愿服务队"等团队，高明区志愿服务组织也多次获省、市多项殊荣。

在关婉飞身先士卒、言传身教的努力推动下，高明区志愿服务日趋常态化和专业化发展。目前高明区建立了志愿服务队 292 支，全区志愿者人数达 7.2 万人，占常住人口的 13%，平均每 8 个高明人就有一名是志愿者，注册率排在佛山五区的前列，在乡村振兴、疫情防控、社会治理等中心工作主动有为。在服务大局、服务群众和建设佛山市"志愿者之城"中发挥了积极的作用。为实现高明区志愿服务规范化、专业化发展，区文明办、团区委制定出台了《高明区志愿者之城三年行动计划》《高明区志愿者派出服务制度》《高明区社区志愿服务队工作指引》等相关文件，整合资源落实激励措施，组建了 50 家爱心商家联盟，为星级志愿者、注册志愿者提供景点旅游、免费体检、康乐优惠等回馈活动。为解决志愿服务阵地服务少、服务内容单一的问题，高明区荷城广场志愿 V 站推出"我为群众办实事"志愿服务主题活动，每天上午结合不同的服务主题为市民提供志愿活动，比如可以为群众提前审核行政业务、办理一站式备案服务、健康义诊等，真正为群众办实事、解难题。高明区各类志愿服务的工作事迹被《南方日报》、佛山电视台、《佛山日报》等多家地方媒体广泛报道，并多次获《人民日报》、"学习强国"、广东志愿者等国家、省级新媒体平台转发报道，高明区志愿者联合会也获得"广东省示范性组织""佛山市最佳志愿服务组织""佛山市志愿服务事业贡献单位"等多个省、市级荣誉称号。

用心创品牌

2018 年，关婉飞发起了"智网扶苗"关爱青少年服务项目，通过资金助学、微心愿、定制志愿服务三大项目，为青少年成长保驾护航，切实解决他们成长当中的现实问题，并帮助他们树立正确的人生观、世界观和价值观。目前，"智网扶苗"已成为全区志愿领域品牌项目，并且获评广东省"益苗计划"示范项目、广东省最佳志愿服务项目和佛山市十佳项目，获广东省"青年社会组织参与社会治理"主题案例征集活动三等奖、"佛山市志愿者服务团体及青年社会组织参与社会治理案例征集活动"二等奖等荣誉。

关婉飞同时还组建了心理志愿服务队，为有需要的青少年求助提供心理辅导并进行个案跟踪，启动开展"心源计划""心理专家面对面"青少年体验式心理实践活动，引导青年正确舒缓心理压力。此外，关婉飞积极募集整合各方资源，寒暑假期间为外来务工人员子女、留守儿童、"小候鸟"等群体开展公益夏令营活动，帮助他们寻找"缺失的爱"。活动中，企业家代表、爱心人士、热心群众等以实际行动鼓励他们积极进取，争当优秀人才，引导他们确立正确的人生观、世界观、价值观，帮助他们解决生活上的困难、学习上的困惑、成长中的烦恼，让他们切实感受到社会大家庭的关爱。

2022 年，"公租房小区'睦邻'志愿服务生态圈"项目获得第六届中国青年志愿服务项目大赛铜奖，是高明区首次入围国家级志愿服务奖项。"公租房小区'睦邻'志愿服务生态圈"项目是以低收入人群的需求为导向，在小区搭建由关婉飞牵头的好人工作室志愿服务阵地，结合多部门职能优势创新打造"党建引领＋群团发力＋社会支持"的资源融合服务新模式。项目以心灵放松室等康乐服务打造特色服务新格局，形成"阳光妈妈""升温计划"等志愿服务品牌；建立生态圈运营的合作和服务机制，定期开展"公益咖啡厅"汇总和制作志愿服务地图；以党群服务站为中心带动长者饭堂等服务站点，搭建志愿服务资源共享平台，并培育小区组织自我成长，逐步形成公租房小区共建共治共享的治理新方式。

关婉飞与公租房低收入家庭子女开展关爱活动

身体力行的"冲锋人"

新冠肺炎疫情暴发后，关婉飞发起并组建了高明区内首个防疫心理援助服务组，快速介入防疫战场，并迅速组建多支青年战疫志愿者服务队伍，带领了 1590 名志愿者参与疫情防控一线工作，志愿服务时数超过 189300 小时。她不顾个人安危，主动请缨到有需要的地方：社区村居入户排查点、高速路出入口值守点、医护人员休整点等，都有她忙碌而坚定的身影。当时防疫物资短缺问题尤为突出，了解到区内唯一一家生产口罩的医疗设备企业正因人手紧缺导致产能下降，她一边协助其发布信息，一边组织志愿骨干进到企业开展紧急支援行动，协助防疫物资加工生产。2020 年 2 月初，她申请派驻到荷城街道防疫工作量最大的中山社区，积极参与入户排查、片区值守、测量体温等工作。得知中山社区的单体楼房多，工作量大，她随即发挥自己的影响力，在一线摇动志愿旗帜，发挥传帮带的作用，迅速召集一批志愿者加入到中山社区防疫工作中，挨家挨户上门，协助社区顺利完成排查和居家隔离工作。

疫情期间关婉飞为志愿者开展线上志愿服务培训

至今，关婉飞的志愿脚步仍未停止，她正在策划开展志愿项目大赛安排志愿培训，持续在平凡的位置上发光发热，为志愿事业无私奉献，以实际行动忠实地履行着一名志愿服务工作者的神圣职责，传播真善美，成为新时代的志愿者先锋模范。

关婉飞就像一只萤火虫，用自己的微光影响着身边的人，用自己的实际行动感染身边的人。每一个志愿者就是一只萤火虫，当所有的萤火虫聚在一起，就是一束明亮耀眼的光，照亮自己，照亮他人，照亮社会，照亮整个世界。

青年志愿大"莞"家，十载奉献寮步情
——"新莞人"杨帆①的志愿服务故事

世上本没有路，有人走了，自然就有了一条路；走的人多了，路自然就成了一条大路。本文的主人公在青年志愿服务之路上，一走就走了十年。十年，他经历了许多，也收获了很多，但更重要的是凝聚了越来越多的人和他一起做好事，把东莞的志愿之路走宽了。午夜时分，他关注别人不太留意的服务对象需要，发起了一个又一个贴心、暖心的志愿服务项目；莞城哪里有需要，他和他的团队成员就出现在哪里。"志愿服务已经成为我生命中的一个习惯。"他说。一路走来，3000 多小时的志愿时数见证，他早已把志愿服务深深地融入自己的生命当中。在志愿路上，虽然他或多或少经历了一些心酸，但怀着一份善心、用善行带给人们温暖的信念，让他继续保持坚定。"付出不一定有回报，但坚持必定无愧于心"，这就是第十三届中国青年志愿者优秀个人奖获得者——东莞市寮步志愿者协会会长杨帆用志愿服务绘出的青春底色。

志愿扬帆莞飘香，十载服务社区情

2006 年大学毕业后，年轻的杨帆怀揣着青春梦想，独自一人前往东

---

① 杨帆，东莞市寮步志愿者协会会长，志愿服务时数约 3700 小时，全力以赴投入寮步志愿服务发展建设，曾获"第十三届中国青年志愿者优秀个人""东莞好人"等荣誉称号。

莞打拼。那时的他，可能还没想到日后会从事志愿服务相关的工作。也许是这座城市的志愿魅力，又或许是偶然瞥见的暖心一幕，令他产生了参与志愿服务的念头。2012 年，他踏上志愿服务的道路，但那个时候的他并没有加入任何志愿组织，而是把公司里的同事们组织起来，组建一支小分队来做公益。当时组建这支公益小分队是非常不容易的，有着方方面面的难题考验着杨帆——资金问题就是最大的难题，但他并没有气馁，反而凭借着一股内心的力量迎面解决了这些难题。由于当时工资不高，大家都仅能勉强维持生活，很难有余力去参与志愿服务，这导致了队伍组建之初，许多人参与积极性并不高。尽管困难重重，但他特别坚定要组建这支队伍。经过一次又一次的沟通交流，一次又一次的群众工作，最终，他终于成功地组建了第一支公益小分队。多年以后，当别人问起那时候为什么会有那么大的决心去做公益时，其实从他从小就一直保持的习惯中便可知道答案了——每当看到有人需要帮助时，他总会第一时间冲上去；看到电灯没有关、水龙头没有拧紧时，他都会自觉关好……而这种潜藏于内的助人心、责任心，离不开他父母身体力行的影响，他的父母是他公益之路的引路人。"我要感谢我的父母，虽然他们文化水平不高，但他们用最朴实的行动教育了我，锤炼了我良好的品德，让我从小就养成了朴实节俭、善良助人的好习惯。也正因此，我才会有如此大的决心去做公益。"

随着公益小分队成立，杨帆开始带领团队成员开展各种业余活动。但在组织活动的过程中，又一难题出现了——他发现自己的公益经验和管理能力不足，一时间没法给公益小分队的持续发展注入新动能。公益小分队的发展必须要创新，于是他主动提出到团镇委学习规范专业的知识。2014 年他加入了寮步志愿者协会，正式成为一名东莞志愿者，也正式开启了他的志愿服务生涯。这些年来，他满怀一腔热血，积极参加各种志愿服务。在这个过程中，他结识了很多志同道合的朋友，也收获了很多学习锻炼、提升自我的机会。在服务过程中，他深刻体会到团队合作的重要性：在寮步志愿者协会里，他感受到了如家般的温暖；在他不懂得如何面对困难时，有人向他伸出援手帮助他、支援他；在他迷茫失落时，有人站出来陪伴他、开导他。"还记得我在会员部当一名骨干时，我接到一个任务，做一场新晋志愿者培训，那个时候时间很赶，没时间做课件。我们的部长知道以后，第一时间安排会员部全体志愿者分工协作，大家齐心协力，用了不到一个小时，就做好了新晋志愿者的培训课件。"当时这件事深深地打动了他，也让他第一次感受到团队合作力量的强大，这进一步坚定了他在志愿道路上走下去的决心。相互温暖、相互支撑，成了杨帆前行的动力源之一。

经过不断的成长蜕变，凭借着自己对志愿服务的热爱和投入，2019年杨帆成功当选了东莞市寮步志愿者协会常务副会长。责任之重、压力之大，让他时刻不能懈怠，需要持续不断地为组织发展贡献自己的力量。他积极组织动员寮步镇各界青年和广大群众参加各类志愿服务，志愿服务时长超 3000 小时；在为队伍管理保驾护航的同时，他也频频出现在关爱弱势群体、志愿服务培训、疫情防控等各类志愿服务中，也因此被大家亲切地称呼为"寮步镇的志愿大'莞'家"。

一路走来，杨帆始终坚定地行走在志愿公益的道路上，志愿服务早已成为他生命中不可或缺的一部分。担任东莞市寮步志愿者协会会长后，他肩上的担子更重了，责任更大了。他除了自己要做好，团队要带好，还要主持协会的中心工作和重要事务。他一直以来积极传播"奉献、友爱、互助、进步"的志愿精神，以全镇及周边群众的需求为本，善于运用各种方式方法链接社会资源，积极推动开展多种类型的志愿服务活动。

如今成为新任会长的他，基本每周都会到志愿者骨干所在的单位进行沟通调研。他希望通过这种方式，能更加快速地熟悉骨干团队情况，了解全体志愿者的需求，以便更加合理有序地安排志愿服务工作，推动寮步镇志愿服务再上一个新台阶。

细心关爱四邻，贴心关怀大家

2022 年新春佳节的一天，敬老院里又传来了熟悉的嗓音、笑声和掌声，这是怎么一回事呢？原来是杨帆正给老人们讲发生在身边的趣事，这一天是他带着志愿者们到敬老院看望孤寡老人的日子。"关爱孤寡老人和残疾人，是我从接触志愿服务之初就一直坚持做的事。"杨帆说。从2012年开始，他每年都会不定期去看望他们，根据他们的实际需要开展"义剪爱残""敬老院爱心行"等特色志愿服务，连续多年组织理发师为老人和残疾人剪头发，还时常给他们送去生活用品、帮他们打扫卫生等。每逢节日，他还会精心准备节目，陪老人一起过节。通过实际暖心的行动给老人们带去慰问和关爱，也给周边群众树立了一个榜样力量。"记得我第一次去敬老院时，有一位老人因为嗓子动了手术，无法说话了，心情比较低落，我就蹲在老人身旁，牵着老人的手，给她剪指甲，跟她讲一讲发生在我们身边的小事、趣事，她就慢慢地笑起来了。离开的时候，老人抓着我的手依依不舍，用无法表达的嗓子发出了'嗯嗯啊啊'的声音。"杨帆继续说，"当我第二次再来探望老人时，我就看到她大老远举起双手，手舞足蹈地欢迎我来敬老院探望她。"老人家阳光般的笑容，手舞足蹈的可爱，探望过程中的点点滴滴，让他在志愿服务道路上倍感幸福，也让平凡的他感受到了自己的价值和生命的意义。

在寮步镇，有这样一群人，当清晨大多数人还在睡梦中时，为了让市民每天都能拥抱城市最美的一面，他们已经开始"沙沙"地忙碌起来，清理街道的垃圾。无论四季流转，还是晴雨阴云，环卫工人始终坚守在街头巷尾，偶尔显露出的疲态说明了他们也是需要休息、需要关注的。细心的杨帆把这一切都看在眼里、记在心里、想在脑里，他开始思考能不能给他们提供帮助。"他们让这座城市变得更加整洁美丽，我们是否能为他们做些什么？"于是，为了能让环卫工人有一个可以休息的地方，从2017年开始，他着力推动"百家爱卫驿站，关爱环卫工人"志愿服务。仅仅用了6个月时间，他就联合爱心商家成立了80多家爱卫驿站，遍及寮步镇各个社区，解决了当地环卫工人如厕难、喝水难等问题。此外，他还多次联合爱心商家为环卫工人送去手套、沐浴露等用品，用实际行动关爱环卫工人。

杨帆关爱环卫人员派发慰问物资

不仅如此，杨帆还定期去关爱流浪人群。在 2021 年底举行的一场关爱流浪者活动中，他发现桥洞下面有一位年轻的流浪者，那个地方环境十分恶劣，志愿者们走下桥都很费劲，差点摔倒。当杨帆拿着食物给流浪者时，对方第一时间表现得特别抗拒，不愿意交流，两眼一闭，躺在一张破烂的席子上。经过半个多小时的坦诚沟通，杨帆和志愿者们成功开导了这名年轻的流浪者，"我们当时就是觉得他还有很大的希望，就劝他找一份工作，不要过漂泊流离的生活"。当流浪者感到温暖和关心后，把送来的食物和保暖衣物很用心地放了起来，并用报纸盖住。后来，桥洞下少了一位年轻的流浪者。

关爱居民群众的事情一件接一件，他自己也记不得有多少了，但印象最深刻的一次是为非东莞籍志愿者子女争取到免费入读公办学校的权益。2022 年 3 月下旬，有一名非莞籍志愿者因家中小孩不能顺利入读公办学校而非常惆怅，他尝试了各种办法，都无法解决小孩入学问题，于是便找到杨帆求助。杨帆在详细了解了志愿者以及孩子的情况后，立即与分管的共青团、教育部门进行反映沟通。在他的多次沟通联系下，东莞市寮步镇团委牵头起草了关于志愿者子女进入公办学校就读的优待政策，在和教育部门沟通后，寮步镇志愿者子女新生入读优待政策得以落地，最终帮助多位志愿者子女顺利进入公办学校，解决了志愿者的后顾之忧。这件事后杨帆更进一步思考关于志愿者的激励问题，其后他还撰写了多项关于志愿者优待政策的倡议，和寮步镇不同部门交流，提供更多激励措施，让志愿者在帮助他人的时候更安心、更开心。

危难面前挺身而出，已成一种习惯

2021 年 7 月 20 日，河南省遭遇历史罕见的特大暴雨，发生了严重的洪涝灾害。当地的城市和乡村均受洪涝灾害影响，多处基础设施被毁，农田被淹，房屋倒塌，灾情给当地人民的人身财产造成了重大损失。在看到电视新闻报道后，杨帆于 7 月 22 日发动广大志愿者，在线上发起《"捐赠一瓶水，奉献一份爱"为河南灾区捐水活动》的倡议书，倡议各志愿服务组织、志愿者和爱心企业积极行动起来，伸出援助之手，奉献无私爱心，为灾区捐赠一瓶水，用行动支援灾区受灾群众和抗洪官兵，为受灾群众重建家园做贡献。

倡议书一经发出，就得到志愿者群体和社会各界爱心人士的大力支持。在活动期间，杨帆共动员了 1000 多名志愿者捐款 10 万余元，为灾区群众送去安全饮用水。参与活动的组织和个人纷纷表示活动很有意义，向灾区人民提供帮助，献出自己的一份力，是体现中华民族"一方有难，八方支援"传统美德的一次公益活动。

2019 年底，突如其来的新冠肺炎疫情对广大志愿者、志愿服务组织来说，既是一次大考也是一次检阅，更是一场没有先例可循的防疫攻坚战和持久战。这让杨帆陷入沉思：志愿服务的发展方向在哪里？志愿者在新冠疫情防控下有哪些可为之处？当他面对这样刻不容缓的情况时，他没有半分犹豫。在了解到疫情防控点急需志愿者、志愿者缺乏防护物资的情况时，他第一时间站了出来。杨帆立刻根据东莞市寮步镇疫情防控指挥部的安排部署，号召大家积极行动起来。2020年1月27日，东莞市寮步志愿者协会成立了寮步疫情防控志愿服务指挥中心。那天正值大年初三，他放弃了和家人团聚的机会，迅速投入疫情防控队伍中。他带领志愿者参与制定寮步镇疫情防控志愿服务方案，全面统筹发动志愿者，以志愿服务助力疫情防控，遏制疫情扩散。他根据疫情形势变化，积极调度协调，作为一名党员志愿者，他发挥先锋模范作用，以身作则来到高速公路卡口、小区等急需人手的疫情防控一线，压实责任，为疫情防控贡献志愿力量。春节期间，他日以继夜地对接18家小区物业，协调100多名志愿者开展健康排查、疫情防控知识讲解等工作。

"我记得第一次接到区域全员核酸检测志愿服务的任务时，已是晚上7点多，镇街急需500名志愿者协助第二天的核酸检测，但当时苦于没有储备应急志愿者，所以我就挨个打电话、发信息，一直忙到半夜1点多，最终把所有的志愿者安排到位，我才准备回家休息。"杨帆说。但第二天早上6点多，他又爬起床，赶到核酸检测现场开展志愿服务，一直干到晚上10点多，而这般奔波熬夜的日子在疫情防控3年多以来，对他来说早已成为习惯。他心中"哪里有需要，我就在哪里"的使命不断地激励着他，"疫情不散，我们不退"。秉持着这样信念的杨帆，为助力疫情防控阻击战取得最终胜利贡献属于自己的一份力量。

2021年，寮步镇开始进行常态化核酸检测和疫苗接种工作，他又第一时间带领志愿者投入其中。杨帆记得，一天夜里12点多接到寮步镇良平社区的任务——第二天将要开展大规模核酸检测时，他立马行动起来，紧急调度志愿者，为第二天核酸检测志愿服务做好各项准备。次日早上7时，他又匆匆赶往现场，他和志愿者们顶着烈日、冒着大雨，不为所动，仍然坚守。杨帆全身心地投入到核酸检测志愿服务中，引导群众有序进行核酸采样，还手把手地帮助不熟悉操作智能手机的居民打开核酸码，保障了现场采样工作的有序进行。在市民广场有一个长阶梯，群众需要走过长阶梯才能进行核酸检测采样，对一些行动不便的老人们、幼儿造成了不便。而杨帆却一个个地帮扶着，把行动不便坐在轮椅上的老人、坐在婴儿车里的幼儿，一个个抬上阶梯，只为他们可以顺利进行核酸检测采样。就这样，连续十几个小时，杨帆组织志愿者们有序地协助开展核酸检测。未曾片刻停歇，直到完成12000多名居民的核酸检测工作，杨帆才离开岗位。

杨帆（左一）在全员核酸检测现场服务居民

　　疫情防控已趋于常态化，而杨帆和他的团队丝毫没有松懈过，也没有缺席过，而是一如既往、持之以恒地坚守在抗疫的最前线。他把居民群众遇到的困难和问题，逐一梳理出来向社区进行反馈，特别是无障碍通行的问题。为了优化这一问题，在一番分析后，他对核酸检测采样的位置和布置做了相应的调整，得到了社区的支持。调整后的核酸检测采样点极大地便利了居民，这个改变也得到了大家的广泛认可。平日里，在开展大规模疫苗接种时，他也带领着寮步志愿者协会成员一起出动上岗。据不完全统计，为助力疫苗接种志愿服务，筑牢疫情防控防线，杨帆和他的团队曾连续服务132天，调度各类防疫志愿者超5000人次，服务居民群体近百万人次。

宣讲实践为志愿，传递爱心提素质

杨帆除了是一名志愿者，还是一名负责组织动员志愿者开展志愿服务培训、能力培训等活动的优秀志愿讲师。从初次登台到成为优秀的志愿讲师，离不开他在背后反反复复的练习。

"为了登上讲台，我曾三天三夜背演讲稿；为了讲好一次课，我曾对着凳子演练10多次。只有不断地演练，才会收获满满。"杨帆说。不只是自己讲，还要带动更多的人一起讲。为此，他主动加入了东莞市志愿服务讲师团，提升志愿讲师专业水平，并带头组建了寮步志愿培训讲师团，筹建了寮步志愿服务学院，从而影响更多的人加入到志愿者行列中。讲师团最初只有5~6人，如今核心骨干成员已经超过40人。从2015年开始，寮步志愿者协会每年都会组织开展两次讲师训练营，面向寮步镇志愿者开班授课。为了更好地推动寮步志愿服务宣讲，让更多人认识到志愿寮步文化，让更多不敢上台的志愿者也能够上台表现自己，杨帆和他的团队开展了各类志愿服务培训150多节次，受益居民人数超5000人。

杨帆开展寮步镇志愿者培训

　　"一切起源于心，升华于心，实践于行"，当谈到做志愿者讲师的初心时，杨帆认为，做一名志愿讲师，让他觉得既充实又快乐，这份内心得到的快乐和感动是他的初心。他十分重视对广大志愿者的能力培训，又热心于对其他部门党员、干部以及社会各个层面开展思想教育，他将宣讲和志愿服务相结合，将党建与志愿服务紧密结合。在义教过程中，他致力于让更多志愿者能清晰地了解和认识"奉献、友爱、互助、进步"的志愿精神，更加合理有效地开展志愿服务活动，在志愿平台上得到更好的成长和发展，并为群众提供更优质的服务。当时，作为寮步志愿者协会常务副会长的他，始终认真履行工作职责，努力推动寮步镇志愿服务工作向前发展。

　　2019 年，适逢中华人民共和国成立 70 周年、五四运动 100 周年，在学雷锋月之际，他组织带领 100 名志愿者讲师奔赴寮步全镇各村社、学校、企业、小区共 100 个场所，开展"讲国旗、升国旗、唱国歌、传播志愿精神"爱国主义教育实践活动，以丰富生动的课件向广大群众深入浅出地宣讲，让各地师生、志愿者、群众进一步了解到国旗、国歌的历史知识。同时，他也先后在石步小学、先锋公司、寮步志愿者协会党支部等"两新"党组织中积极宣讲学习党的十九大精神、习近平总书记在建党 100 周年大会的重要讲话精神，积极推广普及志愿者精神，用行动践行作为新时代志愿者宣讲员的职责和担当。

　　为了做好党史宣传工作，杨帆积极组建党史志愿宣讲队伍，带领志愿者将寮步红色革命老区的历史文化宣传出去。这支队伍以坐落在寮步镇泉塘村的东莞革命老区东江纵队第三大队部旧址为核心，组织周边小学六年级学生成立志愿合唱团，把荡气回肠的《东江纵队之歌》一路传唱下去。同时为了丰富拓宽大家对党史相关知识的知识面，他还带领广大党员志愿者开展户外党史学习，把大家组织到红色主题教育基地开展学习活动，换上红军服，重温入党誓词，一起唱红歌，重走长征路。在学习基地的"长征路途"中，杨帆根据时间节点设立的知识展板为大家现场讲述当年的感人故事，经过一系列体验和学习，提高了大家对学习党史的积极性。在这个过程中，杨帆还分享了几个身边志愿者朋友的小故事。

一段志愿路，一生志愿情。如今，越来越多的青年愿意成为志愿者。参与志愿服务已经成为广大青年，特别是外来青年加速融入东莞、服务城市建设发展的有效途径。

投身组织建设，推动志愿服务组织发展

杨帆刚做志愿者时，他就心心念念地想着要为大家、要为组织做点事。为了更好地推动基层志愿服务组织规范化运作水平。2018年，他在工作之余，参与起草编写东莞市首个镇街志愿服务制度汇编，制定了基层志愿服务组织的组织架构，明确各部门的职责，规范志愿服务要求，还推动了寮步镇160多个志愿服务组织的规范化成立，该制度汇编后来还成为寮步镇30个村、社区志愿服务站的制度范本。在该制度汇编的基础上，寮步出台首个镇街志愿服务五年计划，每年还为志愿者筹备一场高规格的表彰大会。寮步志愿服务管理变得更加规范、系统。

2018年，杨帆为了给广大青年、志愿组织、行业协会提供创业交流、资源互动的枢纽平台，为了给广大志愿者开展志愿服务保驾护航，他积极参与寮步志愿者协会的项目运营工作，打造出了一个集便民服务、志愿组织管理及孵化、志愿办公、培训等综合功能于一体的志愿服务阵地，把公益与商业相结合，成立了综合型创益创新型服务中心——寮步镇益创中心。在促进志愿事业持续、健康、规范发展的同时，也提升了志愿服务组织和广大志愿者的归属感和自豪感。经过杨帆和他团队的努力，在过去几年间不仅组织策划了多种多样的益创服务，更为广大志愿者搭起了一个互助、互爱、互相交流的平台，用创新的力量创造美好改变。

在杨帆的带领下，当前寮步注册志愿者人数达到4.7万余人，其中青年占七成以上，基本实现村（社区）、楼盘小区、学校全覆盖。2021年，东莞市寮步志愿者协会获得了东莞市志愿服务示范组织和广东省志愿服务示范组织等多个荣誉。"亦余心之所善兮，虽九死其犹未悔"，作为一名主要负责人，他带领着更多志愿者一起，努力让社会上更多有需

要的人获得帮助，并在过程中收获快乐与成长，他觉得这是一件非常有意义的事情。回首过去 10 年的志愿生涯，他感慨道："这十年，我不仅提升了自己的能力，还为社会创造了更多爱心、温暖和笑声。当别人每得到一次帮助、一次关爱，都是我内心最美好的记忆。用爱心与双手共筑和谐友爱，让爱无限传递，让更多需要帮助的人得到帮助，并在各种志愿活动中收获快乐，不仅可以提升自己的能力，还能为社会创造更多的关爱、更多的温暖、更多的笑声。我希望这份通过志愿服务创造出的快乐可以一直继续下去，传递开来，让更多的爱心人士加入到志愿服务队伍中，为美好的社会增添更靓丽的光彩。志愿服务已成为我生命中的一部分，也希望大家像我一样！"

杨帆曾先后获评 2015 年"中国（东莞·第六届）国际沉香文化艺术博览会"优秀志愿者、2015 年"苏迪曼杯"羽毛球公开赛优秀志愿者干部、2015 年寮步镇优秀志愿者骨干、2016 年"补短板促提升"志愿服务突出贡献奖、2016 年寮步镇优秀志愿者干部、2018 年广东省五星志愿者、2018 年寮步镇志愿服务标兵、2018 年"东莞最美志愿者"和 2021 年中国青年志愿者优秀个人等荣誉称号。

杨帆说："在志愿的路上，和很多前辈相比，我是很渺小的；但在志愿的路上，奉献和喜悦常伴，泪水与汗水并存，志愿服务带给我的一种满足感和幸福感是其他工作无法给予的。在这条志愿之路上，我还会继续走下去的。"他会在未来的工作和生活中继续发扬"奉献、友爱、互助、进步"的志愿精神，用爱心与双手共筑和谐友爱，让爱心无限传递，让更多需要帮助的人得到帮助，从而实现自己真正的人生价值，谱写人生新篇章。

后　　记

　　随着志愿服务的深入和普及，社区已成为志愿服务的主场景，是青年志愿者参与基层社会治理的重要渠道。习近平总书记指出：党的十八大以来，广大志愿者、志愿服务组织、志愿服务工作者积极响应党和人民号召，弘扬和践行社会主义核心价值观，走进社区、走进乡村、走进基层，为他人送温暖、为社会做贡献，充分彰显了理想信念、爱心善意、责任担当，成为人民有信仰、国家有力量、民族有希望的生动体现。《中共中央关于制定国民经济和社会发展第十四个五年规划和二〇三五年远景目标的建议》明确提出，健全志愿服务体系，广泛开展志愿服务关爱行动，并强调要畅通和规范志愿者参与社会治理的途径。广大青年志愿者们通过扶贫济困、扶老助残、法制宣传、生态环保、文明引导、应急救护等社区服务，用点点志愿微光照亮着社区，于细微处、小事中，让社区氛围更和谐、让邻里之情更融洽、让社区治理更美好。

　　缘于此，《微志愿大社区——记服务社区的青年志愿者》一书历经一年正式付梓。此项工作得以顺利开展并完成，有赖于所有为该项工作不辍劳作编写团队成员的付出，特别感谢广东省志愿者行动指导中心（广东省希望工程服务中心）、广东省志愿者联合会、广州市文明办、广州市志愿者行动指导中心、广州市志愿服务发展中心等机构对工作的鼎力支持，感谢丛书顾问——广东省志愿者联合会会长顾作义对采写工作提出宝贵意见，感谢广东高等教育出版社编辑出版团队的严谨细致审校，感谢参与采写工作的两位大学生志愿者——华南师范大学外国语言文化学院日语专业 2021 级伍嘉明、哲学与社会发展学院社会工作专业 2019 级罗婉宁，感谢接受采访的青年志愿者、给予修改意见的专家们以及广大读者，感谢为该项工作付出辛勤劳动的作者团队——广州市团校（广州志愿者学院）吴冬华老师、邵振刚老师，广州青年志愿者协会副秘书长谢栋兴。

　　期待本书的编辑和出版，对正如火如荼开展志愿服务的城乡社区具有参考借鉴价值，同时助力中国式现代化建设下社区志愿服务实现高质量发展，并且有效推动社区志愿服务融入基层社会治理，进而推进国家治理体系和治理能力现代化。

编　者
2023 年 10 月